Curso

*La diferencia entre aprobar
y sacar plaza*

Auxiliar Administrativo/a

AYUNTAMIENTO DE LUGO

Accede a tu **Curso MAD360** y disfruta de los siguientes recursos:

AF277950

- Técnicas de Memoria 360.
- MADTEST: Test nivel PRO.
- Temario en formato digital.
- Vídeos.
- Esquemas.
- Planificación de estudio.
- Foro entre opositores hasta la fecha del examen.*
- Recursos y novedades exclusivas.
- Consulta sobre la oposición y el proceso selectivo.
- Actualizaciones legislativas (Boletines Oficiales) hasta 60 días antes de la fecha del examen.*

Para acceder al Curso MAD360** será necesaria la compra de todos los libros para esta especialidad de la edición 2024.

Valida los códigos que encuentras en la última página de tus libros y disfruta de la experiencia MAD360.

Infórmate en: mad.es/registro-campus

NOTA IMPORTANTE:

* Examen de esta categoría profesional correspondiente a la convocatoria publicada en el BOE n.º 147, de 18 de junio de 2024, o hasta el 30 de junio del 2025, lo que se cumpla antes.

** El acceso al CURSO MAD360 estará disponible desde julio de 2024 (algunos recursos podrían estar disponibles en fecha posterior). Tendrá una duración de 365 días, desde la validación de códigos, o hasta el 31 de diciembre del 2025, lo que se cumpla antes.

MAD se reserva el derecho a ampliar dichas fechas.

Auxiliar Administrativo/a del Ayuntamiento de Lugo

Julio, 2024

0082-01X-0-0-0724

Auxiliar Administrativo/a del Ayuntamiento de Lugo

Test del temario

Autores

JOSEFA GUILLERMA GANCEDO CONS

Licenciada en Derecho

Jefa de Servicio de Administración Empresarial en la Xunta de Galicia

TERESA MARIA TORRES FONSECA

Licenciada en Derecho

© 7 Editores Recursos para la Cualificación Profesional y el Empleo, S.L. (7 Editores)

© Los autores

Primera edición, julio 2024 (226 páginas)

Derechos de edición reservados a favor de 7 Editores

IMPRESO EN ESPAÑA

Diseño Portada: 7 Editores

Edita: 7 Editores

Avda. San Francisco Javier, 9 · Edificio Sevilla 2 · Planta 11 · Módulos 25-27 · 41018 Sevilla

Teléfono: 954 784 411 · WEB: www.mad.es · e-mail: administracion@7editores.com

ISBN: 978-84-142-8411-7

© "Editorial Mad" y "Eduforma" son nombres comerciales registrados de
7 Editores Recursos para la Cualificación Profesional y el Empleo, S.L.

Queda rigurosamente prohibida la reproducción total o parcial de esta obra por cualquier medio
o procedimiento sin la autorización por escrito del editor.

Índice

MATERIAS COMUNES

Test n.º 1. La Constitución española de 1978: derechos fundamentales y libertades públicas. La Corona. Las Cortes Generales. El Gobierno (*120 preguntas*) 11

Test n.º 2. La Comunidad Autónoma Gallega: el Parlamento de Galicia. Administración autonómica de Galicia. Organización y estructura básica (*40 preguntas*) 39

Test n.º 3. El régimen local español: principios constitucionales. Las entidades locales. El municipio. Población y término municipal. Organización y competencias. Servicios municipales. El municipio de Lugo (*80 preguntas*) 51

Test n.º 4. El procedimiento administrativo común: principios. Estructura. Fases del procedimiento administrativo. La revisión de los actos administrativos: los recursos. Administración electrónica (*66 preguntas*) 69

MATERIAS ESPECÍFICAS

Test n.º 1-2-3. Municipios de gran población: El Alcalde. Competencias. Forma de elección y cese

Municipios de gran población: las y los tenientes de Alcalde. La Junta de Gobierno Local: composición y atribuciones

Municipios de gran población: El Ayuntamiento Pleno. Composición y competencias. Las comisiones informativas (*23 preguntas*) 89

Test n.º 4. Régimen de sesiones y acuerdos de los órganos colegiados locales (*69 preguntas*) 97

Test n.º 5. La potestad reglamentaria de las entidades locales. Ordenanzas, reglamentos y bandos (*19 preguntas*) 113

Test n.º 6. El personal al servicio de la Administración local: funcionarias/os propias/os de las entidades locales. Integración en escalas, subescalas y clases. Derechos y deberes (*30 preguntas*) 119

Test n.º 7. Los bienes de las entidades locales: su clasificación. Régimen jurídico de los bienes de las entidades locales (*55 preguntas*) 127

Test n.º 8. El acto administrativo: concepto y clases. Elementos (*23 preguntas*)   141

Test n.º 9. Eficacia de los actos administrativos. Notificación y publicación. Nulidad y anulabilidad (*25 preguntas*).. 147

Test n.º 10. Finalización del procedimiento administrativo: el deber de resolver. El silencio administrativo (*24 preguntas*)... 155

Test n.º 11. Derecho y deber de relacionarse electrónicamente con las Administraciones Públicas. Registros. Archivo de documentos. Registros electrónicos de apoderamientos (*16 preguntas*)... 163

Test n.º 12. Los presupuestos de las corporaciones locales: elaboración, aprobación y ejecución (*85 preguntas*)... 171

Test n.º 13. Las haciendas locales: recursos de las haciendas locales. Especial referencia a impuestos, tasas y contribuciones especiales (*56 preguntas*)........ 191

Test n.º 14. Los contratos de las administraciones públicas: delimitación de los tipos contractuales. Perfección y forma del contrato. Competencia en materia de contratación y normas específicas de contratación pública en las entidades locales (*16 preguntas*) 205

Test n.º 15. Derechos y deberes de las y de los vecinos en el ámbito local: información y participación ciudadana (*15 preguntas*) 211

Test n.º 16. Ley Orgánica 3/2007, de 22 de marzo , para la igualdad efectiva de mujeres y hombres: el principio de igualdad y la tutela contra la discriminación. Políticas públicas para la igualdad: principios generales (*23 preguntas*) 217

Materias Comunes

TEST N.º 1

La Constitución española de 1978: derechos fundamentales y libertades públicas. La Corona. Las Cortes Generales. El Gobierno

1. ¿En qué se fundamenta la Constitución Española?

a) En un Estado social y democrático de Derecho.
b) En la indisoluble unidad de la Nación española.
c) En la independencia de los poderes del Estado.
d) En la organización territorial del Estado.

2. Según el artículo 3 de la CE, el castellano es la lengua oficial del Estado y todos los españoles:

a) Tienen el deber de usar y el derecho de conocer el castellano.
b) Tienen el derecho y el deber de conocer el castellano.
c) Tienen el deber de conocer y el derecho de usar el castellano.
d) Tienen el derecho de conocer y usar el castellano.

3. La Constitución Española reconoce y garantiza el derecho a la autonomía:

a) De las nacionalidades que la integran.
b) De las regiones que la integran.
c) De las Comunidades Autónomas que la integran.
d) De las nacionalidades y regiones que la integran.

4. El Preámbulo de la Constitución:

a) Tiene en sí carácter de norma jurídica.
b) Es una declaración de intenciones, destinada a interpretar lo que se quiere alcanzar con el contenido normativo de la Constitución.
c) Se trata de un texto sin fuerza jurídica de obligar.
d) Las respuestas b) y c) son correctas.

5. Señala la respuesta correcta, respecto de la aprobación, ratificación y publicación de la Constitución Española:

a) Aprobada por las Cortes el 31 de octubre de 1978, ratificada por el pueblo en referéndum el 6 de diciembre de 1978 y publicada el 29 de diciembre de 1978.
b) Aprobada por las Cortes el 30 de octubre de 1978, ratificada por el pueblo en referéndum el 16 de diciembre de 1978 y publicada el 27 de diciembre de 1978.
c) Aprobada por las Cortes el 31 de octubre de 1978, ratificada por el pueblo en referéndum el 16 de diciembre de 1978 y publicada el 29 de diciembre de 1978.
d) Aprobada por las Cortes el 10 de octubre de 1978, ratificada por el pueblo en referéndum el 26 de diciembre de 1978 y publicada el 30 de diciembre de 1978.

6. ¿En qué parte de la Carta Magna se establece la exposición de motivos que impulsan la norma constitucional y los objetivos que con ella se pretenden alcanzar?

a) En el Título Preliminar.
b) En el Preámbulo.
c) En el Título I.
d) En el Título II.

7. La Constitución Española fue sancionada por:

a) El Rey.
b) El Presidente del Congreso.
c) Las Cortes Generales.
d) El Presidente del Gobierno.

8. ¿Cuáles de los siguientes españoles de origen pueden ser privados de su nacionalidad?

a) Exclusivamente los miembros de grupos terroristas.
b) Los miembros de grupos terroristas y los que atenten contra el Rey u otro miembro de la Casa Real.
c) Los que atenten contra un miembro de la Familia Real o del Gobierno de la Nación.
d) Ningún español de origen podrá ser privado de su nacionalidad.

9. Según la CE son fundamentos del orden político y la paz social:

a) La dignidad de la persona, los derechos violables que les son inherentes y el respeto a la ley.
b) La dignidad de la persona, el desarrollo limitado de la personalidad y el respeto a la ley.
c) El respeto a la ley, a los reglamentos administrativos y demás disposiciones legales.
d) La dignidad de la persona, los derechos inviolables que le son inherentes, el libre desarrollo de su personalidad, el respeto a la ley y a los derechos de los demás.

10. ¿Cuál de los siguientes es considerado por la CE como uno de los valores superiores del ordenamiento jurídico?

a) La jerarquía normativa.
b) El pluralismo político.
c) La publicidad normativa.
d) La equidad.

11. La forma política del Estado español es:

a) Democracia parlamentaria.
b) Gobierno parlamentario.
c) Monarquía parlamentaria.
d) República democrática.

12. La parte de la CE que regula la estructura de los principales órganos del Estado recibe el nombre de:

a) Parte dogmática.
b) Parte orgánica.
c) Parte estatal.
d) Parte estructural.

13. Según la CE, la soberanía nacional:

a) Corresponde a las Cortes Generales, al estar compuestas por los representantes del pueblo.
b) Corresponde al Rey.
c) Reside en el pueblo español.
d) Corresponde al Gobierno de la Nación elegido directamente por el pueblo.

14. ¿En qué parte de la Carta Magna se señalan los valores superiores del ordenamiento jurídico?

a) En el Preámbulo.
b) En el Título Preliminar.
c) En el Título I.
d) Ninguna respuesta es correcta.

15. ¿Cuál de las siguientes es una de las características de nuestra Constitución de 1978?

a) Consensuada.
b) Corta.
c) Conservadora.
d) Originalidad.

16. Son el fundamento del orden político y de la paz social:

a) El libre desarrollo de la personalidad.
b) Los derechos inviolables que les son inherentes.
c) El respeto a la ley y a los derechos de los demás.
d) Todas las respuestas son correctas.

17. ¿Qué quedará excluido de extradición?

a) Los delitos criminales.
b) Los delitos políticos.
c) Los actos de terrorismo.
d) Ninguno.

18. ¿Qué debe ser democrático, a tenor de lo dispuesto en la Constitución Española, en los sindicatos de trabajadores y las asociaciones empresariales?

a) Su funcionamiento.
b) Su estructura interna.
c) Su funcionamiento y estructura interna.
d) Sus órganos asamblearios.

19. ¿De cuántos Capítulos consta el Título I de la CE de 1978?

a) De tres.
b) De cinco.
c) De dos.
d) De cuatro.

20. El principio en virtud del cual un Reglamento no puede contradecir una ley es el de:

a) Legalidad.
b) Jerarquía normativa.
c) Las respuestas a) y b) son correctas.
d) Seguridad jurídica.

21. Según la Constitución, una norma que imponga una nueva pena más leve para un delito:

a) No se aplica retroactivamente.
b) Puede aplicarse retroactivamente.
c) Ha de ser reglamentaria.
d) Atenta contra el principio de legalidad penal si se aplica retroactivamente.

22. Todos los españoles, respecto al castellano, tienen el:

a) Derecho-deber de conocerlo.
b) Derecho de usar y deber de conocerlo.
c) Derecho-deber de usarlo.
d) Nada de lo anterior.

23. La capital del Estado en España es:

a) La propia de cada Comunidad Autónoma.
b) La villa de Madrid.
c) Aquella donde se establezca en cada momento el Gobierno de la Nación.
d) Aquella en la que resida generalmente el Rey.

24. El Título de la Constitución que trata de la reforma constitucional es el:

a) Primero.
b) Décimo.
c) Noveno.
d) Undécimo.

25. Los principios rectores de la política social y económica se regulan en el siguiente Capítulo y Título de la Constitución:

a) Segundo del Primero.
b) Tercero del Primero.
c) Tercero del Preliminar.
d) Primero del Séptimo.

26. La justicia, según nuestra Constitución, es un/una:

a) Principio de nuestro ordenamiento jurídico.
b) Valor superior del anterior.
c) Manifestación del Estado democrático.
d) Todo lo anterior.

27. Un español de origen puede perder esta nacionalidad:

a) Por sanción administrativa.
b) Cuando libremente renuncie a la misma.
c) Por condena penal.
d) En ningún caso.

28. Constituye el fundamento del orden público y de la paz social, según la Constitución, el/la/los:

a) Derechos inviolables inherentes a la persona.
b) Estado social y democrático de Derecho.
c) Seguridad jurídica.
d) Justicia.

29. Las Comunidades Autónomas deben usar o instalar la bandera española:

a) En sus edificios.
b) En los actos oficiales.
c) Cuando lo solicite el Delegado del Gobierno de la Nación en las mismas.
d) Cuando lo estimen oportuno.

30. Deben tener una estructura interna y un funcionamiento democrático los/las:

a) Partidos Políticos.
b) Colegios Profesionales.
c) Organizaciones Profesionales.
d) Todos ellos.

31. La defensa de la integridad territorial de España se atribuye por la Constitución a/al/a las:

a) Fuerzas y Cuerpos de Seguridad.
b) Fuerzas Armadas.
c) Gobierno de la Nación.
d) Todas las anteriores.

32. El Título de la Constitución que trata de las relaciones entre el Gobierno y las Cortes Generales es el:

a) Cuarto.
b) Quinto.
c) Sexto.
d) Tercero.

33. La Constitución entró en vigor:

a) Al día siguiente de su publicación en el Boletín Oficial del Estado.
b) El 27 de diciembre de 1978.
c) El 29 de diciembre de 1978.
d) Al ser aprobada en la sesión conjunta por el Congreso de los Diputados y el Senado.

34. ¿En qué fecha aprobaron las Cortes Generales la Constitución Española?

a) El 31 de octubre de 1978.
b) El 6 de diciembre de 1978.
c) El 27 de diciembre de 1978.
d) El 29 de diciembre de 1978.

35. ¿Cuál de las siguientes no es una característica de la Carta Magna?

a) Su rigidez.
b) El establecimiento, como forma política del Estado, de la monarquía hereditaria.
c) Su codificación en un solo texto.
d) Su extensión.

36. ¿De cuántos artículos consta la Constitución Española de 1978?

a) De 154.
b) De 163.
c) De 169.
d) De 171.

37. ¿Cuál de los siguientes no es uno de los valores superiores de nuestro ordenamiento jurídico?

a) El pluralismo político.
b) La solidaridad.
c) La libertad.
d) La igualdad.

38. A tenor del artículo 11 de la Constitución, los españoles de origen podrán ser privados de su nacionalidad:

a) Cuando así lo determinen las leyes.
b) Cuando entren al servicio de las armas de un país extranjero.
c) Cuando así lo apruebe el Consejo de Ministros.
d) En ningún caso un español de origen podrá ser privado de su nacionalidad.

39. Las Cortes Generales, ¿en qué Título de nuestra Constitución se recogen?

a) En el Título II.
b) En el Título III.
c) En el Título IV.
d) En el Título VI.

40. Según la Disposición Final de nuestra Constitución, esta entrará en vigor:

a) Al día siguiente de su publicación en el Boletín Oficial del Estado.
b) A los veinte días de la publicación de su texto oficial en el Boletín Oficial del Estado.
c) El mismo día de la publicación de su texto oficial en el Boletín Oficial del Estado.
d) Al año de la publicación de su texto oficial en el Boletín Oficial del Estado.

41. El derecho a la propiedad en nuestra Constitución es un Derecho:

a) Inherente a la condición humana.
b) Absoluto.
c) Que está limitado por la función social de la misma.
d) Ninguna de las respuestas anteriores es correcta.

42. Dispone la Carta Magna que todos contribuirán al sostenimiento de los gastos públicos de acuerdo con su capacidad económica mediante un sistema tributario justo inspirado en los principios de:

a) Legalidad y equidad.
b) Igualdad y progresividad.
c) Publicidad y legalidad.
d) Eficacia y sostenibilidad.

43. En virtud del principio de progresividad tributaria:

a) Se implantarán paulatinamente cada vez mayores tributos.
b) Los tipos impositivos serán regresivos.
c) Prima el principio de igualdad en el pago de los tributos.
d) Nada de lo expuesto es cierto.

44. Según la Constitución, el Estado es:

a) Apolítico.
b) Aconfesional.
c) De bienestar social.
d) Federal.

45. El derecho a la vida se consagra en el siguiente artículo de la Constitución:

a) 10.
b) 16.
c) 15.
d) 24.

46. La pena de muerte en España:

a) Ha quedado abolida.
b) Puede aplicarse en cualquier momento.
c) Solo se aplicará, en tiempo de guerra, a los militares.
d) Rige solo en el ámbito civil.

47. La inmediata puesta a disposición judicial derivada del *habeas corpus*, se produce por:

a) Detención ilegal.
b) Prisión ilegal.
c) Prisión preventiva.
d) Detención preventiva.

48. El proceso en el que se enjuicie a un presunto delincuente debe:

a) Ser sumario.
b) No dilatarse.
c) Entorpecer los instrumentos probatorios.
d) Nada de lo anterior es cierto.

49. La entrada en un domicilio en caso de flagrante delito, sin autorización de su titular:

a) Puede dar lugar a la aplicación del habeas corpus.
b) Requiere autorización previa de la autoridad judicial.
c) Puede efectuarse en todo momento.
d) No puede realizarse en momento alguno.

50. Cuando, al conocerse la comisión de un delito por una persona, se acude a su domicilio para detenerla:

a) Está obligada a franquear la entrada.
b) Se necesitará autorización judicial para entrar, si no da su consentimiento para ello.
c) Pese a que no dé su consentimiento, se puede entrar.
d) Nada de lo anterior es correcto.

51. La autorización previa para celebrar una manifestación pública:

a) La da el Subdelegado del Gobierno en la Provincia.
b) Es ineludible.
c) Sería inconstitucional.
d) Se da cuando no se prevean alteraciones al orden público, con peligro para personas o bienes.

52. El tipo de sufragio que consagra la Constitución es el:

a) Proporcional.
b) Universal.
c) Censitario.
d) Las respuestas a) y b) son correctas.

53. Además de la no autoinculpación, la Constitución prevé que no se está obligado a declarar sobre un hecho presuntamente delictivo en caso de:

a) Parentesco y afinidad.
b) Cláusula de conciencia.
c) Secreto profesional.
d) Las respuestas a) y b) son correctas.

54. Los Tribunales de Honor están prohibidos respecto de los/la/las:

a) Sindicatos y Organizaciones Profesionales.
b) Administración Civil y Militar.
c) Organizaciones Profesionales y la Administración Civil.
d) Todas las respuestas anteriores son correctas.

55. ¿En qué artículos de nuestra CE se recogen los derechos fundamentales y de las libertades públicas?

a) En los artículos 10 a 43.
b) En los artículos 25 a 38.
c) En los artículos 31 a 45.
d) En los artículos 15 a 29.

56. La fundación de una Internacional Sindical por un sindicato español:

a) Es libre.
b) Está prohibida.
c) Debe plasmarse en un Tratado Internacional.
d) Nada de lo anterior es cierto.

57. El ejercicio del derecho de petición a través de una manifestación ciudadana:

a) No se admite.
b) Se admite en algún caso.
c) Se admite, salvo para los militares.
d) Ni se admite ni se prohíbe.

58. Nuestro sistema tributario ha de ser:

a) Regresivo e igualitario.
b) Progresivo y generalizado.
c) Confiscatorio.
d) Justo y regresivo.

59. Las Fundaciones son:

a) Entidades constituidas para fines de interés general.
b) Administración Corporativa.
c) Entidades privadas con fines de carácter también privado.
d) Asociaciones de personas para conseguir fines de interés general.

60. La asistencia de todo orden a los hijos habidos extraconyugalmente:

a) No está prevista en la Constitución.
b) Es un deber de los padres.
c) Se dispensará por Instituciones de Beneficencia.
d) Se dispensa solo a los que de ellos tengan discapacidad.

61. La especulación urbanística, según la Constitución:

a) Debe evitarse.
b) Está permitida.
c) Genera plusvalías para la colectividad.
d) Pueden hacerla los poderes públicos.

62. No es susceptible de recurso de amparo el derecho a la/de:

a) Sindicación.
b) Investigación científica.
c) Secreto de las comunicaciones.
d) Lo son todos ellos.

63. No es susceptible de recurso de amparo el derecho de:

a) Libertad de cátedra.
b) Negociación colectiva.
c) Manifestación.
d) Huelga.

64. Es susceptible de recurso de amparo el derecho a la/de:

a) Libre sindicación.
b) Petición.

c) Cláusula de conciencia.
d) Lo están todos ellos.

65. Una vez declarado el estado de excepción no se puede suspender el derecho/libertad de:

a) Huelga.
b) Enseñanza.
c) Adopción de medidas de conflicto colectivo.
d) Libertad de circulación.

66. Durante el estado de excepción, un detenido conserva el derecho de/a:

a) Setenta y dos horas para ser puesto a disposición judicial.
b) Secreto de comunicaciones.
c) Asistencia de Letrado.
d) Ninguno de ellos.

67. Se puede suspender, con motivo de investigaciones relativas a bandas armadas, el derecho de:

a) Huelga.
b) Inviolabilidad del domicilio.
c) Libertad de circulación.
d) Las respuestas b) y c) son correctas.

68. Nuestra Constitución trata de los derechos y deberes fundamentales de los españoles en su Título I, denominado:

a) De los derechos y deberes fundamentales.
b) De los deberes de los españoles.
c) De los derechos de los españoles.
d) De los derechos y deberes principales de los españoles.

69. Señala la respuesta correcta:

a) El Congreso de los Diputados es la Cámara de representación territorial.
b) Las poblaciones de Ceuta y Melilla elegirán cada una de ellas un Senador.
c) Son electores y elegibles todos los españoles que estén en pleno uso de sus derechos políticos.
d) El art. 68 de la Carta Magna dispone que el Congreso se compone de un mínimo de 350 y un máximo de 400 Diputados.

70. La asunción de funciones constitucionales por la Reina consorte:

a) Está prevista como regla general.
b) Depende de la voluntad del Rey.

c) Está prohibida.
d) Está limitada.

71. La tutoría del Rey puede recaer en:

a) Cualquier persona nombrada por las Cortes Generales, en su caso.
b) Sus hijos.
c) Una, tres o cinco personas.
d) Nada de lo anterior es cierto.

72. Una hija del Príncipe de Asturias ostentará este tratamiento:

a) Cuando su padre acceda a la condición de Rey, si es la primogénita, aunque tenga hermanos varones.
b) Al morir su padre.
c) Al acceder a Rey su padre, si no tiene hermano varón.
d) Cuando delegue en ella el propio Príncipe.

73. La Regencia se ejerce:

a) Por mandato del Rey.
b) En nombre de este.
c) Por mandato constitucional.
d) Las respuestas b) y c) son correctas.

74. La dirección de la defensa del Estado es competencia genuina del/de las:

a) Rey.
b) Fuerzas Armadas.
c) Gobierno de la Nación.
d) Todos ellos.

75. El refrendo de los actos del Rey está íntimamente relacionado con:

a) Su irresponsabilidad política.
b) Su inhabilitación.
c) La Regencia.
d) Sus poderes discrecionales.

76. En caso de que el Rey sea menor de edad:

a) No tomará posesión de su cargo hasta su mayoría de edad.
b) Ejercerá la Regencia el Príncipe heredero.
c) Ejercerá la Regencia su cónyuge.
d) Nada de lo anterior es cierto.

77. Si el Príncipe heredero tuviera descendientes y renunciara a sus derechos al trono:

a) Su cónyuge ejercería la Regencia hasta que su primogénito varón fuere mayor de edad.
b) Su cónyuge ejercería la Regencia hasta que dicho primogénito fuera proclamado Rey.
c) Se nombraría Princesa heredera a su hermana mayor, si la hubiere.
d) Nada de lo anterior es cierto.

78. La presidencia por el Rey de las reuniones del Consejo de Ministros:

a) Se permite solo respecto de las decisorias.
b) Ha de efectuarse a petición del Presidente del Gobierno de la Nación.
c) Está prevista constitucionalmente para dirigir la Administración Civil y Militar.
d) Las respuestas a) y b) son ciertas.

79. El juramento lo prestará el Rey ante el/las:

a) Cortes Generales.
b) Gobierno de la Nación.
c) Miembros de la Familia Real.
d) Pueblo español.

80. Si se agotan todas las líneas llamadas a la sucesión en la Corona de España, se:

a) Nombran Regentes.
b) Proveerá a la sucesión en la Corona por las Cortes Generales.
c) Proclama la República.
d) Establece una Dictadura.

81. La inhabilitación del Rey se reconoce por el/los/las:

a) Gobierno de la Nación.
b) Congreso de los Diputados.
c) Cortes Generales.
d) Tres Poderes constitucionales.

82. El Regente nombrado en defecto de padre, madre, pariente mayor de edad o Príncipe heredero mayor de edad se designa por el/las:

a) Propio Rey.
b) Cortes Generales.
c) Congreso de los Diputados.
d) Consejo de Regencia.

83. El número mínimo de Diputados previstos para el Congreso de los Diputados es de:

a) 250.
b) 300.

c) 400.
d) 350.

84. No es incompatible para ser elegido Diputado del Congreso de los Diputados un:

a) Militar en activo.
b) Miembro de una Junta Electoral.
c) Juez.
d) Ministro.

85. La Palma elige los siguientes Senadores:

a) Ninguno.
b) Dos.
c) Uno.
d) Cuatro.

86. La declaración del estado de sitio debe hacerla el/las:

a) Gobierno de la Nación.
b) Rey.
c) Congreso de los Diputados.
d) Presidente del Gobierno de la Nación.

87. El Presidente de la Diputación Permanente del Congreso de los Diputados es el:

a) Del partido mayoritario.
b) Portavoz del partido con mayor número de escaños.
c) Presidente de la Cámara.
d) Elegido por los Portavoces de los Grupos Parlamentarios.

88. El mínimo de miembros integrantes de una Comisión de Investigación según el artículo 76 de la Constitución es de:

a) Veintiuno.
b) Mayoría simple.
c) Mayoría absoluta.
d) No se establece.

89. No puede solicitar la celebración de una sesión extraordinaria de las Cortes Generales el/la:

a) Mayoría absoluta de sus miembros.
b) Diputación Permanente de ellas.
c) Mesa de cada Cámara.
d) Gobierno de la Nación.

90. El primer período de sesiones de las Cámaras concluye, según la Constitución:

a) Al finalizar su mandato.
b) En enero.
c) En diciembre.
d) En junio.

91. No puede delegarse en una Comisión Legislativa Permanente la posibilidad de aprobar una Ley:

a) Tributaria.
b) De funcionarios públicos.
c) Orgánica.
d) Las respuestas a) y c) son correctas.

92. ¿Quién proveerá a la sucesión en la Corona en la forma que más convenga a los intereses de España cuando estén extinguidas todas las líneas llamadas en Derecho?

a) El Presidente del Gobierno.
b) El Senado.
c) El Congreso de los Diputados.
d) Las Cortes Generales.

93. Si no hubiere ninguna persona a quien corresponda la Regencia, esta será nombrada por las Cortes Generales, y se compondrá de:

a) Una única persona.
b) Una o dos personas.
c) Una, tres o cinco personas.
d) De tres a seis personas.

94. ¿De qué plazo dispone el Rey para sancionar las leyes aprobadas por las Cortes Generales?

a) Lo más rápido posible, con un máximo de 48 horas.
b) Un semana.
c) Quince días.
d) Un mes.

95. ¿Por cuántos Diputados estarán representadas las poblaciones de Ceuta y Melilla?

a) Cada una de ellas por un Diputado.
b) Cada una de ellas por dos Diputados.
c) Ceuta por dos y Melilla por uno.
d) Melilla por dos Diputados y Ceuta por uno solo.

96. Señala la respuesta incorrecta respecto al Senado:

a) Las poblaciones de Ceuta y Melilla elegirán cada una de ellas dos Senadores.
b) En cada Provincia se elegirán cuatro Senadores por sufragio universal, libre, igual, directo y secreto por los votantes de cada una de ellas.
c) El Senado es la Cámara de representación territorial.
d) Las Comunidades Autónomas designarán, además, un Senador y otro más por cada medio millón de habitantes de su respectivo territorio.

97. ¿Qué Título de nuestra CE se dedica a la Corona?

a) El Título III.
b) El Título IV.
c) El Título I.
d) El Título II.

98. ¿Con qué norma se restauró el sistema bicameral en España?

a) Con la Constitución de la I República.
b) Con la Ley 1/1977, de 4 de enero, para la Reforma Política.
c) Con la Ley 5/1981, de 3 de mayo, para la Reforma Constitucional.
d) Con la Constitución de 1978.

99. ¿Qué potestad/es ejercen las Cortes Generales?

a) La potestad ejecutiva del Estado.
b) La potestad legislativa y ejecutiva del Estado.
c) La potestad reglamentaria del Estado.
d) La potestad legislativa del Estado.

100. Las Cámaras pueden recibir peticiones:

a) Individuales y colectivas, siempre por escrito.
b) Individuales y colectivas, excepcionalmente por escrito.
c) Solo individuales pero siempre por escrito.
d) Solo colectivas, pero nunca por escrito.

101. Las sesiones plenarias de las Cámaras serán:

a) Siempre públicas.
b) Siempre secretas.
c) Públicas, salvo acuerdo en contrario de cada Cámara, adoptado por mayoría absoluta.
d) Secretas, salvo acuerdo en contrario de cada Cámara, adoptado por mayoría absoluta.

102. El ámbito donde es posible una mayor discrecionalidad por parte del Gobierno de la Nación es en el/la:

a) Aplicación de la ley.
b) Potestad reglamentaria.
c) Dirección de la política.
d) Función ejecutiva.

103. La función representativa de los miembros del Gobierno de la Nación se manifiesta en:

a) La Jefatura de los Ministerios.
b) Su estatuto personal como tales.
c) Su mandato parlamentario.
d) Ninguna forma.

104. La coordinación de las funciones de los miembros del Gobierno de la Nación es competencia del/de las:

a) Presidente del Gobierno de la Nación.
b) Vicepresidente del Gobierno de la Nación.
c) Ministerio de la Presidencia, Relaciones con las Cortes y Memoria Democrática.
d) Comisiones Delegadas del Gobierno de la Nación.

105. La propuesta del Rey de candidato a la Presidencia del Gobierno de la Nación se canaliza a través del:

a) Presidente del Congreso de los Diputados.
b) Gobierno de la Nación en pleno.
c) Senado y Congreso de los Diputados.
d) Grupo político mayoritario.

106. La confianza al candidato a Presidente del Gobierno de la Nación se otorga, en primera vuelta, por:

a) Mayoría absoluta de las Cortes Generales.
b) Mayoría absoluta del Congreso de los Diputados.
c) Mayoría simple del Congreso de los Diputados.
d) Mayoría simple de las Cortes Generales.

107. La disolución de las Cámaras, por transcurso de dos meses desde la primera votación de investidura, sin obtención de la confianza parlamentaria por los candidatos, se refrenda por el:

a) Presidente del Gobierno de la Nación.
b) Rey.

c) Presidente del Congreso de los Diputados.
d) No necesita refrendo.

108. El Gobierno de la Nación, en relación con los Presupuestos Generales del Estado:

a) Los aprueba.
b) Los convalida.
c) Aprueba su Proyecto de Ley.
d) Los ratifica.

109. La aprobación de exigencia de responsabilidad de un Ministro por un delito contra la seguridad del Estado en el ejercicio de sus funciones compete al/a la:

a) Sala de lo Penal del Tribunal Supremo.
b) Mayoría absoluta de los miembros del Congreso de los Diputados.
c) Cuarta parte de estos miembros.
d) Consejo de Ministros.

110. La prerrogativa real de gracia respecto a la responsabilidad penal de un Ministro se refrenda por el:

a) Presidente del Congreso de los Diputados.
b) Presidente del Tribunal Supremo.
c) Presidente del Gobierno de la Nación.
d) No es posible esta medida.

111. La responsabilidad solidaria del Gobierno de la Nación ante el Congreso de los Diputados significa que:

a) Cada Ministro está sometido a las interpelaciones de las mismas.
b) El Gobierno de la Nación en sí responde ante el Congreso de los Diputados y no cada uno de sus miembros individualmente considerado.
c) El Presidente es el que responde.
d) Solo puede ser obligado a dimitir por unanimidad.

112. La responsabilidad solidaria del Gobierno de la Nación ante el Congreso de los Diputados es de carácter:

a) Judicial.
b) Administrativo.
c) Político.
d) De los tres tipos anteriores.

113. La responsabilidad del Gobierno de la Nación ante el Senado es:

a) Mancomunada.
b) Individual.

c) Solidaria.
d) Inexistente.

114. El tiempo mínimo previsto para interpelaciones en las Cortes Generales al Gobierno de la Nación es:

a) Semanal.
b) Trimestral.
c) Mensual.
d) En cada período de sesiones.

115. Las interpelaciones al Gobierno de la Nación pueden dar lugar, por sí mismas, a:

a) Una moción.
b) Una moción de censura.
c) Una cuestión de confianza.
d) Todo lo anterior.

116. El pronunciamiento sobre la cuestión de confianza es competencia del/de las:

a) Congreso de los Diputados exclusivamente.
b) Senado cuando se plantee ante él.
c) Congreso de los Diputados y Senado.
d) Propio Gobierno de la Nación.

117. La cuestión de confianza se plantea por el:

a) Presidente del Gobierno de la Nación.
b) Gobierno de la Nación en sí.
c) Congreso de los Diputados.
d) Cualquier Ministro.

118. Respecto al planteamiento de la cuestión de confianza, el Consejo de Ministros:

a) Decide.
b) Debe dictaminarlo favorablemente.
c) Delibera.
d) No tiene nada que hacer.

119. ¿Cuál de las siguientes no es una función de los Ministros?

a) Interponer el recurso de inconstitucionalidad.
b) Refrendar, en su caso, los actos del Rey en materia de su competencia.
c) Ejercer cuantas competencias les atribuyan las leyes, las normas de organización y funcionamiento del Gobierno y cualesquiera otras disposiciones.
d) Ejercer la potestad reglamentaria en las materias propias de su Departamento.

120. ¿Cuándo cesará el Gobierno?

a) En los casos de pérdida de la confianza parlamentaria previstos en la Constitución.
b) Tras la celebración de elecciones generales.
c) Por dimisión o fallecimiento de su Presidente.
d) Todas las respuestas son correctas.

121. ¿Transcurrido qué plazo, a partir de la primera votación de investidura, si ningún candidato hubiere obtenido la confianza del Congreso, el Rey disolverá ambas Cámaras y convocará nuevas elecciones con el refrendo del Presidente del Congreso?

a) Transcurrido un mes.
b) Transcurridos dos meses.
c) Transcurridos tres meses.
d) Transcurridos seis meses.

Solución al test n.º 1

1. b) En la indisoluble unidad de la Nación española.

2. c) Tienen el deber de conocer y el derecho de usar el castellano.

3. d) De las nacionalidades y regiones que la integran.

4. d) Las respuestas b) y c) son correctas.

5. a) Aprobada por las Cortes el 31 de octubre de 1978, ratificada por el pueblo en referéndum el 6 de diciembre de 1978 y publicada el 29 de diciembre de 1978.

6. b) En el Preámbulo.

7. a) El Rey.

8. d) Ningún español de origen podrá ser privado de su nacionalidad.

9. d) La dignidad de la persona, los derechos inviolables que le son inherentes, el libre desarrollo de su personalidad, el respeto a la ley y a los derechos de los demás.

10. b) El pluralismo político.

11. c) Monarquía parlamentaria.

12. b) Parte orgánica.

13. c) Reside en el pueblo español.

14. b) En el Título Preliminar.

15. a) Consensuada.

16. d) Todas las respuestas son correctas.

17. b) Los delitos políticos.

18. c) Su funcionamiento y estructura interna.

19. b) De cinco.

20. c) Las respuestas a) y b) son correctas.

21. b) Puede aplicarse retroactivamente.

22. b) Derecho de usar y deber de conocerlo.

23. b) La villa de Madrid.

24. b) Décimo.

25. b) Tercero del Primero.

26. b) Valor superior del anterior.

27. b) Cuando libremente renuncie a la misma.

28. a) Derechos inviolables inherentes a la persona.

29. b) En los actos oficiales.

30. d) Todos ellos.

31. b) Fuerzas Armadas.

32. b) Quinto.

33. c) El 29 de diciembre de 1978.

34. a) El 31 de octubre de 1978.

35. b) El establecimiento, como forma política del Estado, de la monarquía hereditaria.

36. c) De 169.

37. b) La solidaridad.

38. d) En ningún caso un español de origen podrá ser privado de su nacionalidad.

39. b) En el Título III.

40. c) El mismo día de la publicación de su texto oficial en el Boletín Oficial del Estado.

41. c) Que está limitado por la función social de la misma.

42. b) Igualdad y progresividad.

43. d) Nada de lo expuesto es cierto.

44. b) Aconfesional.

45. c) 15.

46. a) Ha quedado abolida.

47. a) Detención ilegal.

48. b) No dilatarse.

49. c) Puede efectuarse en todo momento.

50. b) Se necesitará autorización judicial para entrar, si no da su consentimiento para ello.

51. c) Sería inconstitucional.

52. b) Universal.

53. c) Secreto profesional.

54. c) Organizaciones Profesionales y la Administración Civil.

55. d) En los artículos 15 a 29.

56. a) Es libre.

57. a) No se admite.

58. b) Progresivo y generalizado.

59. a) Entidades constituidas para fines de interés general.

60. b) Es un deber de los padres.

61. a) Debe evitarse.

62. b) Investigación científica.

63. b) Negociación colectiva.

64. d) Lo están todos ellos.

65. b) Enseñanza.

66. c) Asistencia de Letrado.

67. b) Inviolabilidad del domicilio.

68. a) De los derechos y deberes fundamentales.

69. c) Son electores y elegibles todos los españoles que estén en pleno uso de sus derechos políticos.

70. d) Está limitada.

71. a) Cualquier persona nombrada por las Cortes, en su caso.

72. c) Al acceder a Rey su padre, si no tiene hermano varón.

73. d) Las respuestas b) y c) son correctas.

74. c) Gobierno de la Nación.

75. a) Su irresponsabilidad política.

76. d) Nada de lo anterior es cierto.

77. c) Se nombraría Princesa heredera a su hermana mayor, si la hubiere.

78. b) Ha de efectuarse a petición del Presidente del Gobierno de la Nación.

79. a) Cortes Generales.

80. b) Proveerá a la sucesión en la Corona por las Cortes Generales.

81. c) Cortes Generales.

82. b) Cortes Generales.

83. b) 300.

84. d) Ministro.

85. c) Uno.

86. c) Congreso de los Diputados.

87. c) Presidente de la Cámara.

88. d) No se establece comunicado al Ministerio Fiscal para el ejercicio, cuando proceda, de las acciones oportunas.

89. c) Mesa de cada Cámara se sobre un orden del día determinado y serán clausuradas una vez que este haya sido agotado.

90. c) En diciembre.

91. c) Orgánica.

92. d) Las Cortes Generales.

93. c) Una, tres o cinco personas.

94. c) Quince días.

95. a) Cada una de ellas por un Diputado.

96. d) Las Comunidades Autónomas designarán, además, un Senador y otro más por cada medio millón de habitantes de su respectivo territorio.

97. d) El Título II.

98. b) Con la Ley 1/1977, de 4 de enero, para la Reforma Política.

99. d) La potestad legislativa del Estado.

100. a) Individuales y colectivas, siempre por escrito.

101. c) Públicas, salvo acuerdo en contrario de cada Cámara, adoptado por mayoría absoluta.

102. c) Dirección de la política.

103. c) Su mandato parlamentario.

104. a) Presidente del Gobierno de la Nación.

105. a) Presidente del Congreso de los Diputados.

106. b) Mayoría absoluta del Congreso de los Diputados.

107. c) Presidente del Congreso de los Diputados.

108. c) Aprueba su Proyecto de Ley.

109. b) Mayoría absoluta de los miembros del Congreso de los Diputados.

110. d) No es posible esta medida.

111. b) El Gobierno de la Nación en sí responde ante el Congreso de los Diputados y no cada uno de sus miembros individualmente considerado.

112. c) Político.

113. d) Inexistente.

114. a) Semanal.

115. a) Una moción.

116. a) Congreso de los Diputados exclusivamente.

117. a) Presidente del Gobierno de la Nación.

118. c) Delibera.

119. a) Interponer el recurso de inconstitucionalidad.

120. d) Todas las respuestas son correctas.

121. b) Transcurridos dos meses.

TEST N.º 2

**La Comunidad Autónoma Gallega: el Parlamento de Galicia.
Administración autonómica de Galicia. Organización y estructura básica**

1. El artículo 12.3 del Estatuto de Autonomía de Galicia dice que el Parlamento funcionará:

a) En Plenos y en Diputación Permanente.
b) En Plenos y en Comisiones, y se reunirá en sesiones ordinarias y extraordinarias.
c) En Plenos y en Mesas, y se reunirá en sesiones ordinarias.
d) En Pleno y en Diputación Permanente, y se reunirá en sesiones ordinarias y extraordinarias.

2. Como dice el artículo 15.3 del Estatuto de Autonomía de Galicia, el que propone al candidato a presidente de la Xunta de Galicia es:

a) La Diputación Permanente.
b) El Parlamento Gallego en Pleno.
c) El Presidente del Parlamento.
d) El Rey.

3. La iniciativa de la reforma del Estatuto corresponderá:

a) A la Junta.
b) Al Parlamento gallego, a propuesta de una quinta parte de sus miembros.
c) A las Cortes Generales.
d) Todas son ciertas.

4. La propuesta de reforma del Estatuto requerirá:

a) La aprobación del Parlamento gallego por mayoría de dos tercios.
b) La aprobación de las Cortes Generales mediante ley orgánica.
c) El referéndum positivo de los electores.
d) Todas son ciertas.

5. Si la propuesta de reforma del Estatuto no es aprobada por el Parlamento galle-go o por las Cortes Generales o no es confirmada mediante referéndum por el cuerpo electoral, ¿puede ser sometida nuevamente a debate y votación del Parlamento?

a) No.
b) No, hasta que haya transcurrido un año.
c) Sí.
d) Ninguna es cierta.

6. Son funciones del Parlamento de Galicia:

a) Ejercer la potestad legislativa de la Comunidad Autónoma.
b) Controlar la acción ejecutiva de la Junta, aprobar los presupuestos y ejercer las otras competencias que le sean atribuidas por la Constitución, por el Estatuto, por las leyes del Estado y las del Parlamento de Galicia.
c) Elegir de entre sus miembros al presidente de la Junta de Galicia.
d) Todas son ciertas.

7. El Parlamento puede delegar la potestad legislativa en la Junta en los térmi-nos que establecen:

a) Los artículos 82, 83 y 84 de la Constitución para el supuesto de la delegación legisla-tiva de las Cortes Generales al Gobierno, todo ello en el marco del Estatuto de Autonomía.
b) Los artículos 81, 82 y 83 de la Constitución para el supuesto de la delegación legisla-tiva de las Cortes Generales al Gobierno, todo ello en el marco del Estatuto de Autonomía.
c) Los artículos 80, 81 y 82 de la Constitución para el supuesto de la delegación legisla-tiva de las Cortes Generales al Gobierno, todo ello en el marco del Estatuto de Autonomía.
d) Los artículos 83, 84 y 85 de la Constitución para el supuesto de la delegación legisla-tiva de las Cortes Generales al Gobierno, todo ello en el marco del Estatuto de Autonomía.

8. Designar para cada legislatura de las Cortes Generales a los senadores repre-sentantes de la Comunidad Autónoma Gallega, de acuerdo con lo previsto en el ar-tículo 69.5 de la Constitución, corresponde:

a) A la Xunta de Galicia.
b) Al Parlamento de Galicia.
c) A los partidos políticos.
d) Ninguna es cierta.

9. La designación de los senadores representantes de la Comunidad Autónoma Gallega para cada legislatura de las Cortes Generales se hará de forma:

a) Progresiva a la representación de las distintas fuerzas políticas existentes en el Par-lamento de Galicia.
b) Aritmética a la representación de las distintas fuerzas políticas existentes en el Par-lamento de Galicia.

c) Proporcional a la representación de las distintas fuerzas políticas existentes en el Parlamento de Galicia.

d) Mayoritaria a la representación de las distintas fuerzas políticas existentes en el Parlamento de Galicia.

10. Exigir, en su caso, responsabilidad política a la Junta y a su Presidente le corresponde:

a) Al Parlamento de Galicia.
b) Al Consello de Contas.
c) Al Tribunal Económico-Administrativo.
d) Ninguna es cierta.

11. Indica cuáles son funciones del Parlamento de Galicia de acuerdo con el Estatuto de Autonomía:

a) Solicitar del Gobierno la adopción de proyectos de ley y presentar ante la Mesa del Congreso de los Diputados proposiciones de ley.

b) Interponer recursos de inconstitucionalidad y personarse ante el Tribunal Constitucional en los supuestos y en los términos previstos en la Constitución y en la Ley Orgánica del Tribunal Constitucional.

c) Son correctas las opciones a) y b).
d) Es correcta la opción a).

12. El Parlamento de Galicia es:

a) Inviolable.
b) Exclusivo.
c) Uniforme.
d) Bilateral.

13. El Parlamento estará constituido por:

a) Senadores elegidos por sufragio universal, igual, libre, directo y secreto.
b) Diputados elegidos por sufragio universal, igual, libre, directo y secreto.
c) Diputados elegidos por sufragio universal, proporcional, libre, directo y secreto.
d) Diputados regionales elegidos por sufragio universal, igual, libre, directo y secreto.

14. El Parlamento será elegido por un plazo de:

a) Cuatro años, de acuerdo con un sistema de representación progresiva que asegure, además, la representación de las diversas zonas del territorio gallego.

b) Cinco años, de acuerdo con un sistema de representación proporcional que asegure, además, la representación de las diversas zonas del territorio gallego.

c) Cuatro años, de acuerdo con un sistema de representación proporcional que asegure, además, la representación de las diversas zonas del territorio gallego.

d) Cuatro años, de acuerdo con un sistema de representación proporcional que asegure, además, la representación de las diversas provincias del territorio gallego.

15. Los miembros del Parlamento de Galicia serán:

a) Inviolables por los votos y opiniones que emitan en el ejercicio de su cargo.

b) Durante su mandato no podrán ser detenidos ni retenidos por los actos delictivos cometidos en el territorio de Galicia sino en caso de flagrante delito, correspondiendo decidir, en todo caso, sobre su inculpación, prisión, procesamiento y juicio al Tribunal Superior de Justicia de Galicia.

c) Fuera de dicho territorio, la responsabilidad penal será exigible ante la Sala de lo Penal del Tribunal Supremo.

d) Todas son ciertas.

16. La circunscripción electoral será:

a) La provincia.

b) El ayuntamiento.

c) La comarca.

d) La parroquia.

17. El presidente de la Junta será elegido por:

a) El Parlamento gallego de entre sus diputados y será nombrado por el Rey.

b) El Parlamento gallego de entre sus miembros y será nombrado por el Rey.

c) El Parlamento gallego de entre sus miembros y será nombrado por el Presidente del Gobierno.

d) El Parlamento gallego de entre sus miembros y será nombrado por el Rey, previa ratificación por el Presidente del Gobierno.

18. El Presidente del Parlamento:

a) Previa consulta con las fuerzas parlamentarias, y oída la Mesa, propondrá un candidato a Presidente de la Junta.

b) Previa consulta con las fuerzas políticas representadas parlamentariamente, y oída la Mesa, propondrá un candidato a presidente de la Junta.

c) Previa consulta con las fuerzas políticas representadas parlamentariamente, y oída la Diputación Permanente, propondrá un candidato a Presidente de la Junta.

d) Previa consulta con las fuerzas políticas representadas parlamentariamente, y oído el Letrado Mayor, propondrá un candidato a Presidente de la Junta.

19. El candidato a la presidencia de la Xunta de Galicia presentará su programa al Parlamento. Para ser elegido:

a) El candidato deberá, en primera votación, obtener mayoría absoluta, de no obtenerla se procederá a una nueva votación veinticuatro horas después de la anterior, y la confianza se entenderá otorgada si obtuviera mayoría simple. Caso de no conseguirse dicha mayoría, se tramitarán sucesivas propuestas en la forma prevista.

b) El candidato deberá, en primera votación, obtener mayoría natural, de no obtenerla se procederá a una nueva votación veinticuatro horas después de la anterior, y la confianza se entenderá otorgada si obtuviera mayoría simple. Caso de no conseguirse dicha mayoría, se tramitarán sucesivas propuestas en la forma prevista.

c) El candidato deberá, en primera votación, obtener mayoría cualificada, de no obtenerla se procederá a una nueva votación veinticuatro horas después de la anterior, y la confianza se entenderá otorgada si obtuviera mayoría simple. Caso de no conseguirse dicha mayoría, se tramitarán sucesivas propuestas en la forma prevista.

d) El candidato deberá, en primera votación, obtener mayoría absoluta, de no obtenerla se procederá a una nueva votación veinticuatro horas después de la anterior, y la confianza se entenderá otorgada si obtuviera mayoría simple. Caso de no conseguirse dicha mayoría, no se pueden tramitar más propuestas en la forma prevista.

20. Indica en qué título se regula la Administración pública gallega en su Estatuto de Autonomía:

a) I.
b) II.
c) III.
d) IV.

21. Indica qué norma jurídica suprime las jefaturas territoriales de las consejerías de la Xunta de Galicia:

a) Decreto 49/2024, de 22 de abril.
b) Decreto 48/2024, de 22 de abril.
c) Decreto 42/2024, de 14 de abril.
d) Decreto 41/2024, de 14 de abril.

22. Señala cuál de las siguientes instituciones o entidades no tiene la condición de Administración Pública:

a) La Xunta de Galicia.
b) La Delegación Provincial de Vivienda en Lugo.
c) La Academia Galega de Seguridade Pública.
d) La Fundación Alfredo Brañas.

23. Son órganos superiores de la Administración autonómica gallega:

a) Delegado del gobierno.
b) Secretario de Estado.
c) Jefe de servicio.
d) Consejeros.

24. ¿Cuál es la denominación actual de la Ley 1/1983, de 22 de febrero?

a) Ley de normas reguladoras de la Xunta.
b) Ley de normas reguladoras de la Xunta y de su Presidente.
c) Ley de normas reguladoras de la Xunta y de su presidencia.
d) Ley reguladora de la Xunta y de su Presidencia.

25. La creación, modificación o supresión de las consejerías se puede hacer por:

a) Ley.
b) Decreto.
c) Orden.
d) Ley orgánica.

26. La Xunta de Galicia está compuesta por:

a) El presidente.
b) Vicepresidente o vicepresidentes, en su caso.
c) Los consejeros.
d) Todas son correctas.

27. La Xunta de Galicia responde:

a) Políticamente ante el Parlamento de forma solidaria, sin perjuicio de la responsabilidad directa de cada uno de sus componentes por su gestión.
b) Administrativamente ante el Parlamento de forma solidaria, sin perjuicio de la responsabilidad directa de cada uno de sus componentes por su gestión.
c) Contablemente ante el Parlamento de forma solidaria, sin perjuicio de la responsabilidad directa de cada uno de sus componentes por su gestión.
d) Políticamente ante el Parlamento de forma subsidiaria, sin perjuicio de la responsabilidad directa de cada uno de sus componentes por su gestión.

28. En la composición de la Xunta, deberá respetarse el principio de:

a) Equilibrio por sexos, en una proporción entre cada uno de ellos que ha de concretar el Parlamento al inicio de cada legislatura.
b) Igualdad por sexos, en una proporción entre cada uno de ellos que ha de concretar el Parlamento al inicio de cada legislatura.
c) Equidad por sexos, en una proporción entre cada uno de ellos que ha de concretar el Parlamento al inicio de cada legislatura.
d) Neutralidad por sexos, en una proporción entre cada uno de ellos que ha de concretar el Parlamento al inicio de cada legislatura.

29. Indica dónde están las delegaciones territoriales de la Xunta de Galicia:

a) A Coruña, Ferrol, Lugo, Ourense, Pontevedra y Vigo.
b) A Coruña, Lugo, Ourense y Pontevedra.
c) A Coruña, Lugo, Ourense, Pontevedra, Vigo y Buenos Aires.
d) A Coruña, Pontevedra y la de Lugo-Ourense.

30. ¿Cuántos departamentos configuran la Xunta de Galicia?

a) 14.
b) 13.

c) 12.
d) Ninguna de las anteriores.

31. ¿Cuántas Vicepresidencias forman parte del Gobierno de la Xunta de Galicia?

a) Una.
b) Dos.
c) Ninguna.
d) Las opciones a y b.

32. La labor de asistencia técnica y administrativa que se realiza en una consejería le corresponde al:

a) Jefe de Gabinete.
b) Director General.
c) Delegado provincial.
d) Secretario General Técnico.

33. ¿De qué estructura forman parte las secretarías generales técnicas?

a) Consejerías.
b) Direcciones generales.
c) Delegaciones territoriales.
d) Subdirecciones generales.

34. La Intervención delegada depende orgánicamente de la:

a) Secretaría General Técnica.
b) Intervención General de la Comunidad Autónoma.
c) Consejería de Economía y Hacienda.
d) Diagonal.

35. La Escuela Gallega de Administración Pública es:

a) Ente público.
b) Organismo Autónomo.
c) Agencia pública.
d) Consorcio.

36. La Agencia de Turismo de Galicia está adscrita a la:

a) Presidencia de la Xunta de Galicia.
b Consejería de Mar.
c) Consejería de Hacienda y Administración Pública.
d) Consejería de Empleo e Igualdad.

37. La Agencia Gallega de Emergencias está adscrita a la:

a) Presidencia.
b) Consejería de Presidencia, Justicia y Deportes.
c) Consejería de Hacienda y Administración Pública.
d) Consejería de Empleo e Igualdad.

38. La Agencia para la Modernización Tecnológica de Galicia está adscrita a la:

a) Presidencia de la Xunta de Galicia.
b) Vicepresidencia Primera y Consejería de Presidencia, Justicia y Turismo.
c) Consejería de Hacienda y Administración Pública.
d) Vicepresidencia Segunda y Consejería de Economía, Empresa e Innovación.

39. El Instituto Gallego de Estadística está adscrito a la:

a) Presidencia de la Xunta de Galicia.
b) Vicepresidencia Primera y Consejería de Presidencia, Justicia y Turismo.
c) Consejería de Hacienda y Administración Pública.
d) Vicepresidencia Segunda y Consejería de Economía, Empresa e Innovación.

40. La Agencia Gallega de Innovación está adscrita a la:

a) Presidencia de la Xunta de Galicia.
b) Vicepresidencia Primera y Consejería de Presidencia, Justicia y Turismo.
c) Consejería de Hacienda y Administración Pública.
d) Consejería de Educación, Ciencia, Universidades y Formación Profesional.

Solución al test n.º 2

1. b) En Plenos y en Comisiones, y se reunirá en sesiones ordinarias y extraordinarias.

2. c) El Presidente del Parlamento.

3. d) Todas son ciertas.

4. d) Todas son ciertas.

5. b) No, hasta que haya transcurrido un año.

6. d) Todas son ciertas.

7. a) Los artículos 82, 83 y 84 de la Constitución para el supuesto de la delegación legislativa de las Cortes Generales al Gobierno, todo ello en el marco del Estatuto de Autonomía.

8. b) Al Parlamento de Galicia.

9. c) Proporcional a la representación de las distintas fuerzas políticas existentes en el Parlamento de Galicia.

10. a) Al Parlamento de Galicia.

11. c) Son correctas las opciones a) y b).

12. a) Inviolable.

13. b) Diputados elegidos por sufragio universal, igual, libre, directo y secreto.

14. c) Cuatro años, de acuerdo con un sistema de representación proporcional que asegure, además, la representación de las diversas zonas del territorio gallego.

15. d) Todas son ciertas.

16. a) La provincia.

17. b) El Parlamento gallego de entre sus miembros y será nombrado por el Rey.

18. b) Previa consulta con las fuerzas políticas representadas parlamentariamente, y oída la Mesa, propondrá un candidato a presidente de la Junta.

19. a) El candidato deberá, en primera votación, obtener mayoría absoluta, de no obtenerla se procederá a una nueva votación veinticuatro horas después de la anterior, y la confianza se entenderá otorgada si obtuviera mayoría simple. Caso de no conseguirse dicha mayoría, se tramitarán sucesivas propuestas en la forma prevista.

20. c) III.

21. a) Decreto 49/2024, de 22 de abril.

22. d) La Fundación Alfredo Brañas.

23. d) Consejeros.

24. c) Ley de normas reguladoras de la Xunta y de su presidencia.

25. b) Decreto.

26. d) Todas son correctas.

27. a) Políticamente ante el Parlamento de forma solidaria, sin perjuicio de la responsabilidad directa de cada uno de sus componentes por su gestión.

28. a) Equilibrio por sexos, en una proporción entre cada uno de ellos que ha de concretar el Parlamento al inicio de cada legislatura.

29. a) A Coruña, Ferrol, Lugo, Ourense, Pontevedra y Vigo.

30. c) 12.

31. c) Ninguna.

32. d) Secretario General Técnica.

33. a) Consejerías.

34. a) Secretaría General técnica.

35. b) Organismo Autónomo.

36. a) Presidencia de la Xunta de Galicia.

37. b) Consejería de Presidencia, Justicia y Deportes.

38. c) Consejería de Hacienda y Administración Pública.

39. c) Consejería de Hacienda y Administración Pública.

40. d) Consejería de Educación, Ciencia, Universidades y Formación Profesional.

TEST N.º 3

El régimen local español: principios constitucionales. Las entidades locales. El municipio. Población y término municipal. Organización y competencias. Servicios municipales. El municipio de Lugo

1. La Administración Local está integrada por:

a) Por órganos.
b) Por Entes, no por órganos.
c) Por sujetos de Derecho con personalidad jurídica propia.
d) Son correctas las respuestas b) y c).

2. Uno de los hitos normativos más importantes en la evolución del Régimen Local es:

a) La Constitución Española de 1931.
b) El Decreto de Javier de Burgos, de 30 de noviembre de 1833.
c) La Declaración Universal de los Derechos Humanos.
d) El Estatuto de Bayona de 1808.

3. Se definen como entidades locales integradas por los municipios de grandes aglomeraciones urbanas entre cuyos núcleos de población existan vinculaciones económicas y sociales que hagan necesaria la planificación conjunta y la coordinación de determinados servicios y obras:

a) Las Áreas Metropolitanas.
b) Las Comarcas.
c) Las Mancomunidades.
d) Las entidades de ámbito territorial inferior al Municipio.

4. Son entidades locales territoriales:

a) El municipio y las mancomunidades.
b) Las provincias y las comarcas.
c) El municipio, las provincias y las áreas metropolitanas.
d) La Isla en los archipiélagos balear y canario y los municipios.

5. La no presentación de cuentas por las entidades de ámbito territorial inferior al Municipio ante los organismos correspondientes del Estado y de la Comunidad Autónoma:

a) Conllevará que el personal que estuviera al servicio de la entidad quedará incorporado en la Administración del Estado.

b) Conllevará que el personal que estuviera al servicio de la entidad quedará incorporado en la Administración de la Comunidad Autónoma.

c) Será motivo para la sustitución de sus órganos de gobierno.

d) Será causa de disolución.

6. El artículo 137 de la Constitución Española dispone:

a) El Estado se organiza territorialmente en Municipios, en Provincias y en las Comunidades Autónomas que se constituyan.

b) El Estado se organiza territorialmente en Municipios, en Provincias e Islas.

c) El Estado se organiza territorialmente en Municipios, en Provincias y en Comarcas.

d) El Estado se organiza territorialmente en Municipios, en Provincias y en Concejos.

7. De acuerdo con el artículo 141 de la Constitución Española:

a) El gobierno y la administración autónoma de las provincias estarán encomendados a las Diputaciones u otras Corporaciones de carácter representativo.

b) El gobierno y la administración autónoma de las provincias estarán encomendados al Pleno de la Diputación Provincial.

c) El gobierno y la administración autónoma de las provincias estarán encomendados a la Junta de Gobierno de la Diputación Provincial.

d) El gobierno y la administración autónoma de las Provincias estarán encomendados a las Corporaciones de carácter representativo.

8. Uno de los principios fundamentales en relación con el Régimen Local que recoge la Constitución Española es:

a) La autonomía de las Corporaciones Locales en la gestión de sus intereses.

b) El carácter democrático y representativo de sus órganos de gobierno.

c) La suficiencia de las Haciendas Locales.

d) Todas las respuestas anteriores son correctas.

9. ¿Es posible crear agrupaciones de Municipios diferentes de la Provincia?

a) No.

b) En algunos casos.

c) Solo si lo decide el Presidente del Gobierno.

d) Sí.

10. Entre las potestades y prerrogativas que tienen los municipios se encuentran:

a) La tributaria y financiera.
b) De revisión de oficio de sus actos y acuerdos.
c) Expropiatoria.
d) Todas las respuestas son correctas.

11. Los elementos del Municipio son:

a) El territorio, la población y la financiación.
b) El territorio, las instituciones y la organización.
c) La organización, la autonomía y el territorio.
d) La población, la organización y el territorio.

12. Según el Reglamento de Población y Demarcación Territorial de las Entidades Locales el término municipal es:

a) El territorio en que el Ayuntamiento ejerce su jurisdicción.
b) El territorio en que el Ayuntamiento ejerce sus competencias.
c) El territorio en que el Ayuntamiento ejerce su política.
d) Las respuestas b) y c) son correctas.

13. De acuerdo con lo dispuesto en la Ley de Bases de Régimen Local:

a) La creación de nuevos municipios solo podrá realizarse sobre la base de núcleos de población territorialmente diferenciados, de al menos 25.000 habitantes.
b) La creación de nuevos municipios solo podrá realizarse sobre la base de núcleos de población territorialmente diferenciados, de al menos 5.000 habitantes.
c) La creación de nuevos municipios solo podrá realizarse sobre la base de núcleos de población territorialmente diferenciados, de al menos 3.000 habitantes.
d) La creación de nuevos municipios solo podrá realizarse sobre la base de núcleos de población territorialmente diferenciados, de al menos 250.000 habitantes.

14. ¿La alteración de términos municipales podrá suponer la modificación de los límites provinciales?

a) Solo en casos excepcionales.
b) En ningún caso.
c) Cuando concurran los requisitos establecidos en la ley.
d) Sí.

15. En los casos de fusión de municipios:

a) El nuevo municipio se subrogará en todos los derechos y obligaciones de los anteriores municipios.
b) El nuevo municipio resultante de la fusión no podrá segregarse hasta transcurridos cien años.

c) El órgano del gobierno del nuevo municipio resultante estará constituido transitoriamente por la suma de los concejales de los municipios fusionados.

d) Las respuestas a) y c) son correctas.

16. Son derechos y deberes de los vecinos:

a) Contribuir mediante la aportación de sus bienes inmuebles a la realización de las competencias municipales.

b) Exigir la prestación y, en su caso, el establecimiento del correspondiente servicio público, en el supuesto de constituir una competencia municipal propia aunque no sea de carácter obligatorio.

c) Acceder a los aprovechamientos comunales.

d) Ejercer la iniciativa individual en los términos previstos en el art. 70 bis de la Ley de Bases de Régimen Local.

17. La inscripción de los extranjeros en el Padrón municipal:

a) Constituirá prueba de su residencia legal en España.

b) Iniciará el expediente de adquisición de la nacionalidad española.

c) No les atribuirá ningún derecho que no les confiera la legislación vigente.

d) Permitirá obtener un permiso de trabajo.

18. El padrón municipal es:

a) La base de datos donde constan los nombres de los vecinos.

b) El registro administrativo donde solo constan los domicilios de los vecinos.

c) El registro administrativo donde constan los vecinos de un municipio.

d) El registro administrativo donde solo constan los domicilios de los extranjeros del municipio.

19. La inscripción en el Padrón municipal contendrá como obligatorios los siguientes datos:

a) Las matrículas de los vehículos de los vecinos.

b) El número de identificación de los aparatos tecnológicos existentes en cada casa.

c) Los ascendientes que habitan en cada casa.

d) Ninguna de las respuestas es correcta.

20. Quien viva en varios Municipios:

a) Deberá inscribirse únicamente en el Padrón municipal del municipio en el que habite durante más tiempo al año.

b) Deberá inscribirse únicamente en el Padrón municipal del municipio en el que tenga su lugar de trabajo.

c) Deberá inscribirse únicamente en el Padrón municipal del municipio en el que haya nacido.

d) Deberá inscribirse en el Padrón municipal de todos los municipios.

21. ¿Existe Padrón de españoles residentes en el extranjero?

a) Sí.
b) No.
c) Sí, y su formación se realizará por la Administración General del Estado.
d) Solo para aquellos que se encuentren en la Unión Europea.

22. La personalidad jurídica de los Municipios, según la Constitución Española, es:

a) Propia.
b) Plena.
c) Reconocida por el Ente que los crea.
d) Dependiente de su autonomía.

23. Según nuestra Constitución, los Concejales no son elegidos por sufragio:

a) Universal.
b) Igual.
c) Paritario.
d) Libre.

24. La pertenencia de un Municipio a dos Provincias:

a) Se admite excepcionalmente.
b) Ha de estar prevista en norma con rango de ley.
c) Está prohibida en nuestro ordenamiento jurídico.
d) Las respuestas a) y b) son ciertas.

25. La división del término municipal en distritos, barrios, etc., es competencia del/de la:

a) Instituto Geográfico Nacional.
b) Diputación Provincial.
c) Ayuntamiento respectivo.
d) Comunidad Autónoma.

26. Para ser vecino de un Municipio:

a) Hay que estar empadronado como tal en él.
b) Basta con la residencia habitual en el mismo.
c) No es necesario ser mayor de edad.
d) Debe saberse leer y escribir.

27. No es posible la consulta popular en la siguiente materia:

a) Sobre competencias municipales.
b) Hacienda Local.

c) Servicios municipales.
d) Es factible en todas ellas.

28. En el ámbito local el único órgano que puede someter a consulta popular un asunto es el:

a) Presidente de la Diputación Provincial.
b) Alcalde.
c) Gobierno de la Nación.
d) Pleno de cada Entidad Local.

29. En el Padrón no debe constar respecto de un vecino su:

a) Sexo.
b) Domicilio habitual.
c) Lugar de nacimiento.
d) Debe figurar todo lo anterior.

30. El Consejo de Empadronamiento está adscrito al/a la:

a) Presidencia del Gobierno de la Nación.
b) Ministerio del Interior.
c) Ministerio de Asuntos Económicos y Transformación Digital.
d) Ministerio de Política Territorial y Función Pública.

31. La confección del Padrón de españoles residentes en el extranjero es competencia del/de la:

a) Ayuntamiento de su último domicilio en España.
b) Comunidad Autónoma donde hubieren nacido.
c) Administración General del Estado.
d) Embajada o Consulado español en el país en que residan.

32. Las directrices e instrucciones técnicas para la formación, mantenimiento y rectificación del Padrón corresponde emanarlas al/a la:

a) Propio Ayuntamiento Pleno.
b) Administración General del Estado.
c) Comunidad Autónoma.
d) Alcalde.

33. La convocatoria de consultas populares debe autorizarla el/la:

a) Gobierno de la Nación.
b) Presidente de la Corporación.
c) Comunidad Autónoma.
d) Ninguno de ellos.

34. Las cuestiones que se susciten entre Municipios sobre deslinde de sus términos municipales serán resueltas por:

a) La correspondiente Comunidad Autónoma.
b) El Gobierno de España.
c) Las Diputaciones Provinciales.
d) El Consejo de Estado.

35. ¿Qué define ENTRENA CUESTA como el Ente Público menor territorial primario?

a) La Comarca.
b) La Mancomunidad de Municipios.
c) El Municipio.
d) La Provincia.

36. La creación de nuevos municipios solo podrá realizarse sobre la base de núcleos de población territorialmente diferenciados, de al menos:

a) 3.000 habitantes.
b) 5.000 habitantes.
c) 10.000 habitantes.
d) 15.000 habitantes.

37. ¿Cuál de los siguientes no es uno de los tres elementos que, conforme al artículo 11.2.º LRL, constituyen el Municipio?

a) La Organización.
b) La Población.
c) Las Competencias (propias o delegadas).
d) El Territorio.

38. La inscripción en el Padrón Municipal solo surtirá efecto por el tiempo que subsista el hecho que la motivó y, en todo caso, cuando se trate de la inscripción de extranjeros no comunitarios sin autorización de residencia permanente, deberá ser objeto de renovación periódica:

a) Cada año.
b) Cada dos años.
c) Cada tres años.
d) Cada cinco años.

39. ¿Cuál de los siguientes datos no es obligatorio a la hora de la inscripción en el Padrón municipal?

a) Lugar y fecha de nacimiento.
b) Sexo.

c) Nacionalidad.

d) Número de teléfono.

40. Funcionan en régimen de Concejo Abierto:

a) Los municipios de menos de 200 habitantes.

b) Los municipios de menos de 300 habitantes.

c) Los municipios de menos de 500 habitantes.

d) Los municipios que tradicional y voluntariamente cuenten con ese singular régimen de gobierno y administración.

41. La organización municipal responde a las siguientes reglas:

a) El Alcalde, los Tenientes de Alcalde y el Pleno existen en todos los Ayuntamientos.

b) El Alcalde, la Junta de Gobierno y el Pleno existen en todos los Ayuntamientos.

c) El Alcalde y el Pleno existen en todos los Ayuntamientos.

d) El Alcalde y la Junta de Gobierno existen en todos los Ayuntamientos.

42. La Comisión Especial de Cuentas:

a) Existe en todos los municipios.

b) Existe en los municipios en que así se acuerde.

c) Existe en los municipios de más de 1000 habitantes.

d) Ninguna de las respuestas es correcta.

43. De acuerdo con la Ley Orgánica de Régimen Electoral será proclamado alcalde electo:

a) El Concejal que haya obtenido la mayoría simple de los votos de los concejales.

b) El Concejal que encabece la lista que haya obtenido mayor número de votos populares.

c) El Concejal que haya obtenido la mayoría absoluta de los votos de los concejales.

d) El Concejal que haya ganado el sorteo.

44. Los alcaldes tendrán tratamiento de:

a) Ilustrísima en los municipios de Madrid y Barcelona.

b) Excelencia en los municipios que sean capitales de provincia.

c) Señoría en los municipios que no sean capitales de provincia ni las ciudades de Madrid y Barcelona.

d) Ilustrísima en todos los municipios.

45. La cuestión de confianza a la que podrá ser sometido el Alcalde se puede vincular a:

a) La aprobación o modificación de los Presupuestos anuales.

b) La aprobación o modificación del Reglamento Orgánico.

c) La aprobación o modificación de las Ordenanzas Fiscales.
d) Todas las respuestas son verdaderas.

46. No es una atribución del Alcalde:

a) Aprobar la oferta de empleo público.
b) La aprobación del reglamento orgánico y de las ordenanzas.
c) Dictar Bandos.
d) Ejercer la jefatura de la Policía Municipal.

47. Es una atribución del Pleno del Ayuntamiento:

a) La alteración de la calificación jurídica de los bienes de dominio público.
b) La aprobación inicial de las leyes.
c) Desempeñar la jefatura superior de todo el personal.
d) Ordenar la publicación, ejecución y hacer cumplir los acuerdos del Ayuntamiento.

48. La Junta de Gobierno Local se integra por el Alcalde y un número de Concejales:

a) No superior al tercio del número legal de los mismos.
b) No superior a la mitad del número legal de los mismos.
c) No superior a dos tercios del número legal de los mismos.
d) Ninguna de las respuestas es correcta.

49. El régimen peculiar para los Municipios de gran población será aplicable:

a) A los municipios que sean capitales autonómicas.
b) A los municipios cuya población supere los 50.000 habitantes.
c) A los municipios cuya población supere los 150.000 habitantes.
d) Las respuestas a) y b) son correctas.

50. En los municipios de gran población corresponde a la Junta de Gobierno:

a) La aprobación y modificación de las ordenanzas y reglamentos municipales.
b) La aprobación del proyecto de presupuesto.
c) Los acuerdos relativos a la participación en organizaciones supramunicipales.
d) Dictar bandos, decretos e instrucciones.

51. En los municipios de gran población tendrán la consideración de órganos directivos:

a) El Alcalde.
b) El titular de la asesoría jurídica.
c) Los miembros de la Junta de Gobierno Local.
d) Las respuestas a) y c) son correctas.

52. En los municipios de gran población para la defensa de los derechos de los vecinos ante la Administración municipal el Pleno creará:

a) Un órgano de gestión económico-financiera.
b) Una Comisión especial de Sugerencias y Reclamaciones.
c) Un órgano para la resolución de las reclamaciones económico-administrativas.
d) Un órgano de gestión tributaria.

53. En los municipios de gran población el dictamen sobre los proyectos de ordenanzas fiscales corresponderá a:

a) Un órgano de gestión económico-financiera.
b) Una Comisión especial de Sugerencias y Reclamaciones.
c) Un órgano para la resolución de las reclamaciones económico-administrativas.
d) Un órgano de gestión tributaria.

54. El Municipio no ejercerá como competencia propia:

a) Tráfico, estacionamiento de vehículos y movilidad.
b) Abastecimiento de agua potable a domicilio.
c) Administración de Justicia.
d) Cementerios y actividades funerarias.

55. El servicio de transporte colectivo urbano de viajeros deberá prestarse en todo caso:

a) En los Municipios con población superior a 5.000 habitantes.
b) En todos los Municipios.
c) En los Municipios con población superior a 50.000 habitantes.
d) En los Municipios con población superior a 20.000 habitantes.

56. El servicio de prevención y extinción de incendios deberá prestarse en todo caso:

a) En los Municipios con población superior a 50.000 habitantes.
b) En los Municipios con población superior a 5.000 habitantes.
c) En los Municipios con población superior a 20.000 habitantes.
d) En todos los Municipios.

57. El servicio de recogida de residuos deberá prestarse en todo caso:

a) En los Municipios con población superior a 20.000 habitantes.
b) En los Municipios con población superior a 5.000 habitantes.
c) En todos los Municipios.
d) En los Municipios con población superior a 50.000 habitantes.

58. La organización municipal complementaria que establezca una Comunidad Autónoma con carácter general, respecto a los Municipios de la misma:

a) Se aplica preferentemente a la establecida con tal carácter por el Estado.
b) Se aplica preferentemente a la establecida por el Reglamento Orgánico de cada Municipio.
c) Se aplica después de la del Estado y la del Reglamento Orgánico.
d) Las respuestas a) y b) son ciertas.

59. La elección de un Alcalde, tras unas elecciones locales, se efectúa:

a) Directamente en las elecciones locales.
b) En sesión extraordinaria al efecto.
c) En la sesión constitutiva de la Corporación.
d) Por los vecinos exclusivamente.

60. La destitución del Presidente de una Corporación Local se efectúa a través de la:

a) Renuncia.
b) Cuestión de confianza.
c) Moción de censura.
d) Las respuestas b) y c) son ciertas.

61. ¿Se puede presentar más de una moción de censura contra el mismo Presidente de una Entidad Local?

a) Sí, cuando prospere una de ellas.
b) Solo en distintos períodos de sesiones.
c) Depende del Reglamento Orgánico de la Entidad.
d) Nada de lo expuesto es cierto.

62. En una moción de censura contra un Presidente de una Entidad Local, puede ser candidato:

a) Los cabezas de lista.
b) Los portavoces de los Grupos Políticos.
c) Cualquier Concejal cuya aceptación expresa conste en el escrito de proposición de la moción.
d) Ninguno de los anteriores.

63. En el caso de que la cuestión de confianza planteada por un Alcalde no obtuviera el número necesario de votos favorables para la aprobación del acuerdo:

a) Quedan cesados todos sus miembros.
b) El Alcalde cesará automáticamente, quedando en funciones hasta la toma de posesión de quien hubiere de sucederle en el cargo.

c) Se nombra como tal al primer Teniente de Alcalde.
d) Se hace una nueva sesión constitutiva, tras la celebración de elecciones.

64. La denominada competencia residual, en virtud de la cual se le atribuyen aquellas competencias que no estén expresamente asignadas a otro órgano, la tiene en un Ayuntamiento el/la/las:

a) Pleno.
b) Comisiones Informativas.
c) Presidente.
d) Junta de Gobierno Local.

65. El voto de calidad del Presidente de una Corporación Local:

a) Inclina la votación al sector en el que él haya votado, en caso de empate producido en la reunión de un órgano colegiado.
b) Da fe del resultado de la votación.
c) Significa que es muy importante quien emite el voto.
d) Provoca la irrecurribilidad del acuerdo adoptado.

66. La aprobación del proyecto de presupuesto en un Municipio de gran población es competencia del/de la:

a) Presidente.
b) Junta de Gobierno Local.
c) Pleno.
d) Comunidad Autónoma.

67. La delegación de competencias de un Alcalde:

a) Se efectúa por acuerdo de Pleno.
b) Se reviste formalmente en forma de Decreto de dicho Pleno.
c) Se puede dar en todo tipo de materias.
d) Nada de lo anterior es correcto.

68. Los nombramientos de funcionarios en los Ayuntamientos de Municipios de régimen común corresponden al/a la:

a) Pleno.
b) Junta de Gobierno Local.
c) Presidente.
d) Delegado de Personal.

69. La aprobación de las formas de gestión de los servicios públicos en los Ayuntamientos de Municipios de régimen común corresponde genuinamente al/a la:

a) Pleno.
b) Presidente.

c) Junta de Gobierno Local.
d) Comunidad Autónoma respectiva.

70. En un Municipio de 7.000 habitantes, ¿cuántos Concejales habrá de elegirse para su Ayuntamiento?

a) Siete.
b) Diez.
c) Trece.
d) Quince.

71. La representación del Ayuntamiento compete al/a la/a los:

a) Alcalde.
b) Pleno.
c) Junta de Gobierno Local.
d) Tenientes de Alcalde en su ámbito competencial respectivo.

72. La Relación de Puestos de un Ayuntamiento de un Municipio de gran población la aprueba el/la:

a) Junta de Personal.
b) Pleno.
c) Alcalde.
d) Junta de Gobierno Local.

73. Indica cuántas parroquias tiene el Ayuntamiento de Lugo:

a) 54.
b) 50.
c) 52.
d) 56.

74. Indica quién es el actual alcalde o alcaldesa del Ayuntamiento de Lugo:

a) Joaquín García Díaz.
b) José Clemente López Orozco.
c) Lara Méndez López.
d) Mercedes Paula Alvarellos Fondo.

75. Indica en cuántas áreas de gobierno se configura actualmente el Ayuntamiento de Lugo:

a) 2.
b) 4.
c) 6.
d) 8.

76. Indica de qué área de gobierno depende la celebración de los matrimonios civiles en el Ayuntamiento de Lugo:

a) Área de movilidad e infraestructuras.
b) Área de alcaldía.
c) Área de gestión integral de recursos humanos.
d) Área de transición ecológica.

77. ¿A qué área de gobierno pertenece la Consejería de Igualdad e Inclusión?

a) Área de movilidad e infraestructuras.
b) Área de alcaldía.
c) Área de cohesión social y territorial.
d) Área de transición ecológica.

78. Indica si el Pleno del Ayuntamiento de Lugo puede crear Comisiones encargadas de gestionar diversas áreas de gobierno:

a) No.
b) Sí.
c) Sólo lo pueden hacer los ayuntamientos de 5.000 habitantes.
d) Sólo lo pueden hacer los ayuntamientos de 100.000 habitantes.

79. Indica de qué se encarga la Junta de Gobierno Local del Ayuntamiento de Lugo:

a) La aprobación de los proyectos relativos a ordenanzas, presupuestos, reglamentos o relación de puestos de trabajo.
b) La concesión y contratación de licencias.
c) El nombramiento y cese de los titulares de los órganos directivos del Ayuntamiento.
d) Todas son correctas.

80. Indica cuáles son las funciones de la Mesa de Comercio del Ayuntamiento de Lugo:

a) Remodelación y reforma de calles e instalaciones de uso comunitario.
b) Amoblamiento urbano, señalización, rotulación comercial, iluminación.
c) Campañas de promoción, estudios sobre la situación del comercio, planes de dinamización.
d) Todas son correctas.

Solución al test n.º 3

1. d) Son correctas las respuestas b) y c).

2. b) El Decreto de Javier de Burgos, de 30 de noviembre de 1833.

3. a) Las Áreas Metropolitanas.

4. d) La Isla en los archipiélagos balear y canario y los municipios.

5. d) Será causa de disolución.

6. a) El Estado se organiza territorialmente en Municipios, en Provincias y en las Comunidades Autónomas que se constituyan.

7. a) El gobierno y la administración autónoma de las provincias estarán encomendados a las Diputaciones u otras Corporaciones de carácter representativo.

8. d) Todas las respuestas anteriores son correctas.

9. d) Sí.

10. d) Todas las respuestas son correctas.

11. d) La población, la organización y el territorio.

12. b) El territorio en que el Ayuntamiento ejerce sus competencias.

13. b) La creación de nuevos municipios solo podrá realizarse sobre la base de núcleos de población territorialmente diferenciados, de al menos 5.000 habitantes.

14. b) En ningún caso.

15. d) Las respuestas a) y c) son correctas.

16. c) Acceder a los aprovechamientos comunales.

17. c) No les atribuirá ningún derecho que no les confiera la legislación vigente.

18. c) El registro administrativo donde constan los vecinos de un municipio.

19. d) Ninguna de las respuestas es correcta.

20. a) Deberá inscribirse únicamente en el Padrón municipal del municipio en el que habite durante más tiempo al año.

21. c) Sí, y su formación se realizará por la Administración General del Estado.

22. b) Plena.

23. c) Paritario.

24. c) Está prohibida en nuestro ordenamiento jurídico.

25. c) Ayuntamiento respectivo.

26. a) Hay que estar empadronado como tal en él.

27. b) Hacienda Local.

28. b) Alcalde.

29. d) Debe figurar todo lo anterior.

30. c) Ministerio de Asuntos Económicos y Transformación Digital.

31. c) Administración General del Estado.

32. b) Administración General del Estado.

33. a) Gobierno de la Nación.

34. a) La correspondiente Comunidad Autónoma.

35. c) El Municipio.

36. b) 5.000 habitantes.

37. c) Las Competencias (propias o delegadas).

38. b) Cada dos años.

39. d) Número de teléfono.

40. d) Los municipios que tradicional y voluntariamente cuenten con ese singular régimen de gobierno y administración.

41. a) El Alcalde, los Tenientes de Alcalde y el Pleno existen en todos los Ayuntamientos.

42. a) Existe en todos los municipios.

43. c) El Concejal que haya obtenido la mayoría absoluta de los votos de los concejales.

44. c) Señoría en los municipios que no sean capitales de provincia ni las ciudades de Madrid y Barcelona.

45. d) Todas las respuestas son verdaderas.

46. b) La aprobación del reglamento orgánico y de las ordenanzas.

47. a) La alteración de la calificación jurídica de los bienes de dominio público.

48. a) No superior al tercio del número legal de los mismos.

49. a) A los municipios que sean capitales autonómicas.

50. b) La aprobación del proyecto de presupuesto.

51. b) El titular de la asesoría jurídica.

52. b) Una Comisión especial de Sugerencias y Reclamaciones.

53. c) Un órgano para la resolución de las reclamaciones económico-administrativas.

54. c) Administración de Justicia.

55. c) En los Municipios con población superior a 50.000 habitantes.

56. c) En los Municipios con población superior a 20.000 habitantes.

57. c) En todos los Municipios.

58. b) Se aplica preferentemente a la establecida por el Reglamento Orgánico de cada Municipio.

59. c) En la sesión constitutiva de la Corporación.

60. d) Las respuestas b) y c) son ciertas.

61. d) Nada de lo expuesto es cierto.

62. c) Cualquier Concejal cuya aceptación expresa conste en el escrito de proposición de la moción.

63. b) El Alcalde cesará automáticamente, quedando en funciones hasta la toma de posesión de quien hubiere de sucederle en el cargo.

64. c) Presidente.

65. a) Inclina la votación al sector en el que él haya votado, en caso de empate producido en la reunión de un órgano colegiado.

66. b) Junta de Gobierno Local.

67. d) Nada de lo anterior es correcto.

68. c) Presidente.

69. a) Pleno.

70. c) Trece.

71. a) Alcalde.

72. d) Junta de Gobierno Local.

73. a) 54.

74. d) Mercedes Paula Alvarellos Fondo.

75. d) 8.

76. b) Área de alcaldía.

77. c) Área de cohesión social y territorial.

78. b) Si.

79. d) Todas son correctas.

80. d) Todas son correctas.

TEST N.º 4

El procedimiento administrativo común: principios. Estructura. Fases del procedimiento administrativo. La revisión de los actos administrativos: los recursos. Administración electrónica

1. ¿Cuál de los siguientes datos no es necesario que figure en las solicitudes de iniciación del procedimiento por parte de los interesados?

a) Número de teléfono.
b) Hechos, razones y petición en que se concrete, con toda claridad, la solicitud.
c) Órgano, centro o unidad administrativa a la que se dirige y su correspondiente código de identificación.
d) Firma del solicitante o acreditación de la autenticidad de su voluntad expresada por cualquier medio.

2. Los interesados solo podrán solicitar el inicio de un procedimiento de responsabilidad patrimonial, cuando no haya prescrito su derecho a reclamar. El derecho a reclamar prescribirá:

a) Al año de producido el hecho o el acto que motive la indemnización o se manifieste su efecto lesivo.
b) A los dos años de producido el hecho o el acto que motive la indemnización o se manifieste su efecto lesivo.
c) A los cinco años de producido el hecho o el acto que motive la indemnización o se manifieste su efecto lesivo.
d) Este derecho no prescribe.

3. ¿De acuerdo con qué principio se acordarán en un solo acto todos los trámites que, por su naturaleza, admitan un impulso simultáneo y no sea obligado su cumplimiento sucesivo?

a) Con el principio de oficialidad.
b) Con el principio de eficacia.
c) Con el principio de simplificación administrativa.
d) Con el principio de eficacia.

4. Salvo en el caso de que en la norma correspondiente se fije plazo distinto, los trámites que deban ser cumplimentados por los interesados deberán realizarse en el plazo de:

a) Siete días a partir del siguiente al de la notificación del correspondiente acto.
b) Diez días a partir del siguiente al de la notificación del correspondiente acto.
c) Quince días a partir del siguiente al de la notificación del correspondiente acto.
d) Un mes a partir del siguiente al de la notificación del correspondiente acto.

5. En cualquier momento del procedimiento, cuando la Administración considere que alguno de los actos de los interesados no reúne los requisitos necesarios, lo pondrá en conocimiento de su autor, concediéndole un plazo para cumplimentarlo:

a) De cinco días.
b) De siete días.
c) De diez días.
d) De veinte días.

6. Cuando la Administración no tenga por ciertos los hechos alegados por los interesados o la naturaleza del procedimiento lo exija, el instructor del mismo acordará la apertura de un período de prueba, a fin de que puedan practicarse cuantas juzgue pertinentes, por un plazo:

a) No superior a treinta días ni inferior a diez.
b) No superior a treinta días ni inferior a quince.
c) No superior a veinte días ni inferior a diez.
d) No superior a veinte días ni inferior a cinco.

7. Salvo disposición expresa en contrario, los informes serán:

a) Vinculantes.
b) Vinculantes y facultativos.
c) Facultativos y no vinculantes.
d) Nunca facultativos.

8. En el caso de los procedimientos de responsabilidad patrimonial será preceptivo solicitar informe al servicio cuyo funcionamiento haya ocasionado la presunta lesión indemnizable, no pudiendo exceder el plazo de su emisión de:

a) Diez días.
b) Quince días.
c) Veinte días.
d) Un mes.

9. ¿Cómo se denomina el conjunto ordenado de documentos y actuaciones que sirven de antecedente y fundamento a la resolución administrativa, así como las diligencias encaminadas a ejecutarla?

a) Dosier administrativo.
b) Acto administrativo.
c) Expediente administrativo.
d) Procedimiento administrativo.

10. Con arreglo al artículo 74 LPACAP, las cuestiones incidentales que se susciten en el procedimiento, incluso las que se refieran a la nulidad de actuaciones:

a) Suspenderán la tramitación del procedimiento.
b) No suspenderán la tramitación del procedimiento, salvo la recusación.
c) No suspenderán la tramitación del procedimiento en ningún caso.
d) Siempre que lo estime oportuno el instructor del procedimiento, y así lo motive suficientemente, suspenderá la tramitación del procedimiento.

11. ¿Cuándo podrán los interesados aducir alegaciones y aportar documentos u otros elementos de juicio?

a) En cualquier momento.
b) En cualquier momento del procedimiento posterior al trámite de audiencia.
c) En cualquier momento del procedimiento anterior al trámite de audiencia.
d) Únicamente cuando lo autorice el instructor del procedimiento.

12. Señala la respuesta incorrecta respecto a los medios y período de prueba:

a) El instructor del procedimiento solo podrá rechazar las pruebas propuestas por los interesados cuando sean manifiestamente improcedentes o innecesarias, sin necesidad de resolución motivada.
b) En los procedimientos de carácter sancionador, los hechos declarados probados por resoluciones judiciales penales firmes vincularán a las Administraciones Públicas respecto de los procedimientos sancionadores que substancien.
c) Cuando la prueba consista en la emisión de un informe de un órgano administrativo, organismo público o Entidad de derecho público, se entenderá que este tiene carácter preceptivo.
d) Cuando la valoración de las pruebas practicadas pueda constituir el fundamento básico de la decisión que se adopte en el procedimiento, por ser pieza imprescindible para la correcta evaluación de los hechos, deberá incluirse en la propuesta de resolución.

13. Cuando lo considere necesario, el instructor, a petición de los interesados, podrá decidir la apertura de un período extraordinario de prueba por un plazo:

a) No superior a diez días.
b) No superior a quince días.

c) No superior a veinte días.
d) No superior a un mes.

14. Salvo que una disposición o el cumplimiento del resto de los plazos del procedimiento permita o exija otro plazo mayor o menor, los informes serán emitidos en el plazo de:

a) Diez días.
b) Quince días.
c) Veinte días.
d) Un mes.

15. ¿De qué plazo disponen los interesados para alegar y presentar los documentos y justificaciones que estimen pertinentes?

a) De un plazo no inferior a cinco días ni superior a diez.
b) De un plazo no inferior a diez días ni superior a quince.
c) De un plazo no inferior a diez días ni superior a veinte.
d) De un plazo no inferior a diez días ni superior a un mes.

16. ¿Cuál es la forma normal de terminación del procedimiento?

a) La terminación convencional.
b) El silencio administrativo.
c) La resolución.
d) La renuncia al derecho en que se funde la solicitud.

17. La terminación convencional es una forma de terminación del procedimiento:

a) Normal.
b) Anormal.
c) Especial.
d) Presunta.

18. Señala cuál de las siguientes es una forma de terminación anormal del procedimiento:

a) La renuncia al derecho en que se funde la solicitud.
b) La declaración de caducidad.
c) El desistimiento.
d) Todas las respuestas son correctas.

19. ¿En qué plazo deberán practicarse las actuaciones complementarias?

a) En un plazo no superior a siete días.
b) En un plazo no superior a diez días.

c) En un plazo no superior a quince días.
d) En un plazo no superior a un mes.

20. ¿Transcurrido qué plazo desde que se inició el procedimiento sin que haya recaído y se notifique resolución expresa o, en su caso, se haya formalizado el acuerdo, podrá entenderse que la resolución es contraria a la indemnización del particular?

a) Transcurrido un mes.
b) Transcurridos tres meses.
c) Transcurridos seis meses.
d) Transcurrido un año.

21. A tenor del artículo 92 LPACAP, en el ámbito de la Administración General del Estado, los procedimientos de responsabilidad patrimonial se resolverán por:

a) El Ministro respectivo.
b) El Presidente del Gobierno.
c) El Consejo de Ministros.
d) Las respuestas a) y c) son correctas.

22. Señala la respuesta incorrecta respecto al desistimiento y renuncia por los interesados:

a) Si el escrito de iniciación se hubiera formulado por dos o más interesados, el desistimiento o la renuncia afectará a todos los que la hubiesen formulado.
b) Todo interesado podrá desistir de su solicitud o, cuando ello no esté prohibido por el ordenamiento jurídico, renunciar a sus derechos.
c) Si la cuestión suscitada por la incoación del procedimiento entrañase interés general o fuera conveniente sustanciarla para su definición y esclarecimiento, la Administración podrá limitar los efectos del desistimiento o la renuncia al interesado y seguirá el procedimiento.
d) Tanto el desistimiento como la renuncia podrán hacerse por cualquier medio que permita su constancia, siempre que incorpore las firmas que correspondan de acuerdo con lo previsto en la normativa aplicable.

23. La Administración aceptará de plano el desistimiento o la renuncia, y declarará concluso el procedimiento salvo que, habiéndose personado en el mismo terceros interesados, instasen estos su continuación en el plazo de:

a) Un mes desde que fueron notificados del desistimiento o renuncia.
b) Veinte días desde que fueron notificados del desistimiento o renuncia.
c) Quince días desde que fueron notificados del desistimiento o renuncia.
d) Diez días desde que fueron notificados del desistimiento o renuncia.

24. En los procedimientos iniciados a solicitud del interesado, cuando se produz-ca su paralización por causa imputable al mismo, la Administración le advertirá que se producirá la caducidad del procedimiento, transcurrido:

a) Un mes.
b) Tres meses.
c) Seis meses.
d) Un año.

25. El órgano al que corresponda la resolución del procedimiento, cuando la naturaleza de este lo requiera, podrá acordar un período de información pública. A tal efecto, se pu-blicará un anuncio en el Diario oficial correspondiente a fin de que cualquier persona física o jurídica pueda examinar el expediente, o la parte del mismo que se acuerde. El anuncio determinará el plazo para formular alegaciones, que en ningún caso podrá ser inferior a:

a) Un mes.
b) Veinte días.
c) Diez días.
d) Una semana.

26. ¿Cuál de las siguientes es una forma presunta de finalizar el procedimiento administrativo?

a) La imposibilidad material de continuarlo por causas sobrevenidas.
b) El desistimiento.
c) El silencio administrativo.
d) Todas las respuestas son correctas.

27. El órgano instructor resolverá la finalización del procedimiento, con archivo de las actuaciones, sin que sea necesaria la formulación de la propuesta de resolu-ción, cuando en la instrucción procedimiento se ponga de manifiesto que concurre la siguiente circunstancia:

a) Cuando los hechos no resulten acreditados.
b) Cuando no exista o no se haya podido identificar a la persona o personas responsa-bles o bien aparezcan exentos de responsabilidad.
c) Cuando se concluyera, en cualquier momento, que ha prescrito la infracción.
d) Todas las respuestas son correctas.

28. En materia de representación, la LPACAP incluye nuevos medios para acredi-tarla en el ámbito exclusivo de las Administraciones Públicas, como son, entre otros:

a) El apoderamiento notarial de forma electrónica.
b) El apoderamiento *apud acta*, presencial o electrónico.
c) El apoderamiento *anod actus*, presencial o electrónico.
d) El apoderamiento *acta omnis*, presencial.

29. La LPACAP establece, con carácter general, la obligación de las Administraciones Públicas de:

a) No admitir que el interesado pueda presentar con carácter general copias de documentos en soporte papel.

b) No admitir que el interesado pueda presentar con carácter general copias de documentos que hayan sido digitalizadas.

c) Requerir documentos ya aportados por los interesados, elaborados por las Administraciones Públicas o documentos originales.

d) No requerir documentos ya aportados por los interesados, elaborados por las Administraciones Públicas o documentos originales.

30. La LPACAP no es de aplicación a:

a) Las Administraciones de las Comunidades Autónomas.

b) Las Entidades que integran la Administración Local.

c) Organismos públicos y entidades de derecho público vinculados o dependientes de las Administraciones Públicas.

d) Las Universidades privadas.

31. Los procedimientos administrativos de responsabilidad patrimonial derivados de la declaración de inconstitucionalidad de una norma o su carácter contrario al Derecho de la Unión Europea, iniciados con anterioridad a la entrada en vigor de la LPACAP, se resolverán de acuerdo con:

a) La normativa vigente en el momento de su resolución.

b) La normativa vigente en el momento de su iniciación.

c) Siempre por la LPACAP.

d) Siempre por la Ley 30/1992.

32. En los casos previstos en el art. 56 de la LPACAP, no podrá adoptarse una de las siguientes medidas provisionales. Indica cuál de ellas:

a) Prestación de fianzas.

b) La retención de ingresos a cuenta que deban abonar las Administraciones Públicas.

c) El depósito, retención o inmovilización de cosa mueble.

d) Suspensión definitiva de actividades.

33. Los procedimientos administrativos, que no tengan naturaleza sancionadora, se podrán iniciar:

a) Por acuerdo del órgano competente o a petición razonada de otros órganos.

b) Por acuerdo del órgano competente, bien por propia iniciativa o como consecuencia de orden superior, a petición razonada de otros órganos o por denuncia.

c) Por denuncia solamente.

d) De oficio siempre.

34. ¿Suspenderá la tramitación del procedimiento las cuestiones incidentales que se susciten en el mismo?

a) No.
b) Sí.
c) No, salvo las que se refieran a la nulidad de actuaciones.
d) No, incluso las relativas a la recusación no se suspenderán.

35. Salvo que reste menos para su tramitación ordinaria, los procedimientos administrativos tramitados de manera simplificada deberán ser resueltos en:

a) Treinta días.
b) Quince días.
c) Diez días.
d) Cuarenta días.

36. El recurso de alzada contra actos que no agotan la vía administrativa es:

a) Extraordinario.
b) La regla general.
c) Especial.
d) Inexistente.

37. La *reformatio in peius*, en materia de recursos:

a) Se admite como regla general.
b) Solo se permite en materia sancionadora.
c) Se admite cuando el recurso está claramente infundado.
d) Está expresamente prohibida.

38. Cuando hayan de tenerse en cuenta nuevos hechos o documentos no recogidos en el expediente originario, se pondrán de manifiesto a los interesados para que formulen las alegaciones que estimen procedentes, en un plazo:

a) No inferior a diez días ni superior a quince.
b) De veinte días.
c) No inferior a cinco días ni superior a veinte.
d) De treinta días.

39. La resolución de un recurso:

a) Debe circunscribirse a lo solicitado por el recurrente.
b) Resolverá cuantas cuestiones se deduzcan del expediente.
c) No es necesario que se motive.
d) Debe aceptar las razones en que se fundamente el propio recurso.

40. Si el acto fuera expreso, el plazo para la interposición del recurso de reposición será de:

a) Tres meses.
b) Diez días.
c) Quince días.
d) Un mes.

41. El recurso de alzada contra actos que no agotan la vía administrativa es:

a) Extraordinario.
b) La regla general.
c) Especial.
d) Inexistente.

42. El recurso de reposición contra actos que no agotan la vía administrativa es:

a) Ordinario.
b) Extraordinario.
c) Especial.
d) Inexistente.

43. La resolución presunta del recurso de alzada se dará, si no recae resolución, al/a los:

a) Quince días de interponerlo.
b) Mes de su interposición.
c) Tres meses desu interposición.
d) En cualquier momento a partir del día siguiente a aquel en que, de acuerdo con su normativa específica, se produzcan los efectos del silencio administrativo.

44. El silencio administrativo en el recurso de alzada puede ser positivo en el siguiente caso:

a) Cuando el recurso se presentó contra un acto presunto desestimatorio de la solicitud del ciudadano.
b) Cuando perjudique al ciudadano.
c) Siempre que beneficie al interés público.
d) En ningún supuesto es positivo.

45. Para plantear un recurso administrativo:

a) Hay que tener capacidad jurídica, sin requerirse la capacidad de obrar.
b) Basta con la capacidad de obrar.
c) Se requiere, siempre, ser titular de un derecho subjetivo afectado por el acto que se recurre.
d) Puede hacerlo quien ostente la condición de interesado.

46. Cuando una persona interpone un recurso de alzada denominándolo como recurso de revisión:

a) Deberá desestimarse el recurso por improcedente.
b) Deberá notificársele el error para que lo subsane.
c) No se admitirá el recurso.
d) Deberá resolverse, si del propio recurso se deduce su carácter.

47. Como consecuencia del principio de congruencia, al resolver un recurso, la Administración Pública:

a) Podrá agravar la situación inicial del recurrente.
b) Deberá ajustarse a las peticiones del recurrente.
c) Lo desestimará, manteniendo el acto administrativo.
d) Solo decidirá sobre las cuestiones planteadas por el recurrente sin entrar en otras que deriven del procedimiento.

48. Entre los límites de la revisión de los actos administrativos se encuentra:

a) La prescripción de la acción.
b) Su ilegalidad manifiesta.
c) Que atente a derechos subjetivos.
d) Que incurra en nulidad de pleno derecho.

49. El recurso de revisión es:

a) Unitario.
b) Ordinario.
c) Especial.
d) Extraordinario.

50. Contra los actos dictados por un Tribunal de Oposiciones:

a) No cabe recurso alguno.
b) Puede presentarse recurso de alzada ante su Presidente.
c) El recurso de alzada debe entablarse ante la autoridad que nombró al Presidente.
d) Solo es posible el recurso de revisión.

51. No es motivo bastante para interponer un recurso de revisión que:

a) Se haya incurrido en manifiesto error de hecho al dictar el acto.
b) Hubiere mediado cohecho en la resolución.
c) Se haya dictado por órgano manifiestamente incompetente.
d) Hayan influido documentos declarados falsos por sentencia judicial firme.

52. Para que pueda entablarse un recurso extraordinario de revisión por error de hecho, este:

a) Ha de ser declarado por sentencia judicial firme.
b) Ha de haberse adoptado por cohecho.
c) Ha de derivar de documentos habidos en el expediente.
d) Nada de lo anterior es cierto.

53. La revocación por la Administración Pública de un acto administrativo de gravamen o no declarativo de derechos:

a) Ha de efectuarse a instancia de los particulares.
b) Está prohibida.
c) Se podrá revocar mientras que no haya transcurrido el plazo de prescripción, siempre que no constituya dispensa o exención no permitida por las leyes, o sea contraria al principio de igualdad, al interés público o al ordenamiento jurídico.
d) Requiere previo dictamen del Consejo de Estado.

54. En la Administración Local (en concreto, en un Ayuntamiento), la declaración de lesividad de un acto se efectúa a través del/de la:

a) Presidente de la Corporación Local.
b) Junta de Gobierno Local.
c) Pleno.
d) Cualquiera de los anteriores.

55. Un acto anulable, ¿puede ser revisado de oficio por la Administración Pública, una vez transcurridos cuatro años desde que se dictó?

a) Sí, cuando así lo dictamine el Consejo de Estado.
b) No.
c) Sí, cuando incurra en nulidad de pleno derecho y así lo dictamine el Consejo de Estado.
d) Sí, cuando la ilegalidad sea manifiesta y así lo dictamine el Consejo de Estado.

56. Comunicarse con las Administraciones Públicas por medios electrónicos es:

a) Un deber de los ciudadanos.
b) Un derecho de las Administraciones Públicas.
c) Un derecho de los ciudadanos.
d) Un derecho fundamental de los españoles, recogido por la Constitución; y, a la vez, un deber.

57. En relación al tipo de comunicación de interesado con la Administración, no es cierto que:

a) Las personas físicas puedan elegir en todo momento si se comunican con las Administraciones Públicas para el ejercicio de sus derechos y obligaciones a través de medios electrónicos o no, salvo que estén obligadas a relacionarse a través de medios electrónicos con las Administraciones Públicas.

b) Las Administraciones puedan establecer la obligación de relacionarse con ellas a través de medios electrónicos para determinados procedimientos y para ciertos colectivos de personas físicas.

c) Las personas jurídicas estén obligadas a relacionarse a través de medios electrónicos con las Administraciones Públicas para la realización de cualquier trámite de un procedimiento administrativo.

d) El medio elegido por la persona para comunicarse con las Administraciones Públicas no puede ser modificado a lo largo del procedimiento.

58. No están obligados a relacionarse a través de medios electrónicos con las Administraciones Públicas para la realización de cualquier trámite de un procedimiento administrativo:

a) Las entidades sin personalidad jurídica.

b) Todo aquel que ostente la representación de un interesado.

c) Quienes ejerzan una actividad profesional para la que se requiera colegiación obligatoria, para los trámites y actuaciones que realicen con las Administraciones Públicas en ejercicio de dicha actividad profesional.

d) Las personas jurídicas.

59. Cuando los interesados se correspondan con colectivos de personas físicas que por razón de su capacidad económica o técnica, dedicación profesional u otros motivos acreditados tengan garantizado el acceso y disponibilidad de los medios tecnológicos precisos:

a) Estarán obligados a utilizar siempre medios electrónicos para comunicarse con la Administración.

b) Podrán elegir el medio con el que comunicarse con la Administración.

c) Las Administraciones Públicas podrán establecer reglamentariamente la obligatoriedad de comunicarse con ellas utilizando sólo medios electrónicos.

d) Tendrán las mismas obligaciones que cualquier persona física en su relación con la Administración.

60. Señala la opción incorrecta. Las aplicaciones y sistemas de información utilizados para la instrucción por medios electrónicos de los procedimientos deberán:

a) Evitar la simplificación y la publicidad de los documentos.

b) Garantizar el control de los tiempos y plazos.

c) Garantizar la tramitación ordenada de los expedientes.

d) Garantizar la identificación de los órganos responsables de los procedimientos.

61. Conforme al artículo 9.2 de la LPACAP, los interesados podrán identificarse electrónicamente ante las Administraciones Públicas a través de cualquier sistema que cuente con un registro previo como usuario que permita garantizar su:

a) Identidad.

b) Motivación.

c) Consentimiento.
d) Ubicación.

62. Según el artículo 13.g) de la LPACAP, quienes tienen capacidad de obrar ante las Administraciones Públicas, son titulares, en sus relaciones con ellas, del derecho a la obtención y utilización de:

a) Cualquier medio de identificación y firma electrónica.
b) Los medios de identificación y firma electrónica que tenga a su alcance.
c) Los medios de identificación y firma electrónica contemplados en esta ley.
d) Los medios de identificación y firma electrónica, cuando así corresponda legalmente.

63. Según el artículo 14 de la LPACAP, NO están obligados a relacionarse electrónicamente con las Administraciones Públicas para la realización de cualquier trámite de un procedimiento administrativo:

a) Los empleados de las Administraciones Públicas en toda relación con estas.
b) Los notarios, en el ejercicio de su actividad profesional.
c) Los registradores mercantiles, en el ejercicio de su actividad profesional.
d) Las entidades sin personalidad jurídica.

64. ¿Pueden las Administraciones Públicas establecer la obligación de relacionarse con ellas a través de medios electrónicos a otros colectivos distintos de los que la LPACAP menciona expresamente en su artículo 14.2?

a) No, solo podrá obligarse a los mencionados en dicho artículo.
b) También están obligados los colectivos de personas físicas que por su capacidad económica tengan acceso a los medios electrónicos necesarios.
c) Sí, para determinados procedimientos, si así se recoge expresamente en una ley.
d) Sí, podrá obligarse reglamentariamente para determinados procedimientos y para ciertos colectivos de personas físicas que, por razón de su capacidad económica, técnica, dedicación profesional u otros motivos quede acreditado que tienen acceso y disponibilidad de los medios electrónicos necesarios.

65. Conforme al artículo 9 de la LPACAP (en redacción dada por la Ley 11/2022, de 28 de junio), los interesados podrán identificarse electrónicamente ante las Administraciones Públicas a través de cualquier sistema que las Administraciones públicas consideren válido en los términos y condiciones que se establezca, siempre que cuenten con un registro previo como usuario que permita garantizar su identidad y previa comunicación a la Secretaría General de Administración Digital. De forma previa a la eficacia jurídica del sistema, habrá de transcurrir desde dicha comunicación el siguiente plazo, durante el cual el órgano estatal competente por motivos de seguridad pública podrá acudir a la vía jurisdiccional, previo informe vinculante de la Secretaría de Estado de Seguridad:

a) 1 mes.
b) 2 meses.
c) 3 meses.
d) 6 meses.

66. Señala la palabra que falta, según el artículo 12.1 de la LPACAP. Las Administraciones Públicas deberán garantizar que los interesados pueden relacionarse con la Administración a través de medios electrónicos, para lo que pondrán a su disposición los .... de acceso que sean necesarios así como los sistemas y aplicaciones que en cada caso se determinen:

a) Portales.
b) Servidores.
c) Canales.
d) Códigos.

Solución al test n.º 4

1. a) Número de teléfono.

2. a) Al año de producido el hecho o el acto que motive la indemnización o se manifieste su efecto lesivo.

3. c) Con el principio de simplificación administrativa.

4. b) Diez días a partir del siguiente al de la notificación del correspondiente acto.

5. c) De diez días.

6. a) No superior a treinta días ni inferior a diez.

7. c) Facultativos y no vinculantes.

8. a) Diez días.

9. c) Expediente administrativo.

10. b) No suspenderán la tramitación del procedimiento, salvo la recusación.

11. c) En cualquier momento del procedimiento anterior al trámite de audiencia.

12. a) El instructor del procedimiento solo podrá rechazar las pruebas propuestas por los interesados cuando sean manifiestamente improcedentes o innecesarias, sin necesidad de resolución motivada.

13. a) No superior a diez días.

14. a) Diez días.

15. b) De un plazo no inferior a diez días ni superior a quince.

16. c) La resolución.

17. c) Especial.

18. d) Todas las respuestas son correctas.

19. c) En un plazo no superior a quince días.

20. c) Transcurridos seis meses.

21. d) Las respuestas a) y c) son correctas.

22. a) Si el escrito de iniciación se hubiera formulado por dos o más interesados, el desistimiento o la renuncia afectará a todos los que la hubiesen formulado.

23. d) Diez días desde que fueron notificados del desistimiento o renuncia.

24. b) Tres meses.

25. b) Veinte días.

26. c) El silencio administrativo.

27. d) Todas las respuestas son correctas.

28. b) El apoderamiento apud acta, presencial o electrónico.

29. d) No requerir documentos ya aportados por los interesados, elaborados por las Administraciones Públicas o documentos originales.

30. d) Las Universidades privadas.

31. b) La normativa vigente en el momento de su iniciación.

32. d) Suspensión definitiva de actividades.

33. b) Por acuerdo del órgano competente, bien por propia iniciativa o como consecuencia de orden superior, a petición razonada de otros órganos o por denuncia.

34. a) No.

35. a) Treinta días.

36. b) La regla general.

37. d) Está expresamente prohibida.

38. a) No inferior a diez días ni superior a quince.

39. b) Resolverá cuantas cuestiones se deduzcan del expediente.

40. d) Un mes.

41. b) La regla general.

42. d) Inexistente.

43. c) Tres meses de su interposición.

44. a) Cuando el recurso se presentó contra un acto presunto desestimatorio de la solicitud del ciudadano.

45. d) Puede hacerlo quien ostente la condición de interesado.

46. d) Deberá resolverse, si del propio recurso se deduce su carácter.

47. b) Deberá ajustarse a las peticiones del recurrente.

48. a) La prescripción de la acción.

49. d) Extraordinario.

50. c) El recurso de alzada debe presentarse ante la autoridad que nombró al Presidente.

51. c) Se haya dictado por órgano manifiestamente incompetente.

52. c) Ha de derivar de documentos habidos en el expediente.

53. c) Se podrá revocar mientras que no haya transcurrido el plazo de prescripción, siempre que no constituya dispensa o exención no permitida por las leyes, o sea contraria al principio de igualdad, al interés público o al ordenamiento jurídico.

54. c) Pleno.

55. b) No.

56. c) Un derecho de los ciudadanos.

57. d) El medio elegido por la persona para comunicarse con las Administraciones Públicas no puede ser modificado a lo largo del procedimiento.

58. b) Todo aquel que ostente la representación de un interesado.

59. c) Las Administraciones Públicas podrán establecer reglamentariamente la obligatoriedad de comunicarse con ellas utilizando sólo medios electrónicos.

60. a) Evitar la simplificación y la publicidad de los documentos.

61. a) Identidad.

62. c) Los medios de identificación y firma electrónica contemplados en esta ley.

63. a) Los empleados de las Administraciones Públicas en toda relación con estas.

64. d) Sí, podrá obligarse reglamentariamente para determinados procedimientos y para ciertos colectivos de personas físicas que, por razón de su capacidad económica, técnica, dedicación profesional u otros motivos quede acreditado que tienen acceso y disponibilidad de los medios electrónicos necesarios.

65. b) 2 meses.

66. c) Canales.

Materias Específicas

TEST N.º 1-2-3

Municipios de gran población: El Alcalde. Competencias. Forma de elección y cese

Municipios de gran población: las y los tenientes de Alcalde. La Junta de Gobierno Local: composición y atribuciones

Municipios de gran población: El Ayuntamiento Pleno. Composición y competencias. Las comisiones informativas

1. ¿Cuál es, en virtud del art. 122.1 de la Ley de Régimen Local el órgano de máxima representación política de los ciudadanos en el gobierno municipal?

a) El Pleno.
b) El Alcalde.
c) El Consejo de Gobierno.
d) La Junta de Gobierno Local.

2. Según dispone el art. 124.3 de la Ley de Régimen Local el Alcalde tendrá el tratamiento de:

a) Muy Honorable.
b) Ilustrísima.
c) Excelencia.
d) Muy Ilustre Señor.

3. ¿Quién ordena la publicación, ejecución y cumplimiento de los acuerdos de los órganos ejecutivos del Ayuntamiento?

a) El Alcalde.
b) El Pleno.
c) El Secretario de la Corporación.
d) La Junta de Gobierno Local.

4. ¿Qué tratamiento tienen los Tenientes de Alcalde?

a) Muy Ilustre Señor.
b) Ilustrísima.
c) Muy Honorable.
d) Excelencia.

5. Señala la respuesta incorrecta respecto a la Junta de Gobierno Local:

a) Los miembros de la Junta de Gobierno Local podrán asistir a las sesiones del Pleno e intervenir en los debates, sin perjuicio de las facultades que corresponden a su Presidente.
b) La Junta de Gobierno Local responde políticamente ante el Pleno de su gestión de forma solidaria.
c) Corresponde al Alcalde nombrar y separar libremente a los miembros de la Junta de Gobierno Local, cuyo número no podrá exceder de la mitad del número legal de miembros del Pleno, además del Alcalde.
d) Le corresponde la aprobación del proyecto de presupuesto.

6. Señala cuál de los siguientes no es uno de los órganos directivos municipales:

a) El interventor general municipal.
b) Los coordinadores generales de cada área o concejalía.
c) Los miembros de la Junta de Gobierno Local.
d) El Secretario general del Pleno.

7. ¿Con qué periodicidad dará cuenta la Comisión Especial de Sugerencias y Reclamaciones al Pleno de las quejas presentadas y de las deficiencias observadas en el funcionamiento de los servicios municipales, con especificación de las sugerencias o recomendaciones no admitidas por la Administración municipal?

a) Anualmente.
b) Semestralmente.
c) Trimestralmente.
d) Mensualmente.

8. Señala cuál de los siguientes no es uno de los órganos directivos municipales:

a) El Alcalde.
b) El titular de la asesoría jurídica.
c) El titular del órgano de apoyo a la Junta de Gobierno Local y al concejal secretario de la misma.
d) Los directores generales u órganos similares que culminen la organización administrativa dentro de cada una de las grandes áreas o concejalías.

9. ¿Cuál es el órgano que, bajo la presidencia del Alcalde, colabora de forma co-legiada en la función de dirección política que a este corresponde y ejerce las funciones ejecutivas y administrativas que se señalan en el artículo 127 de la Ley de Régimen Local?

a) El Pleno.
b) La Junta de Gobierno Local.
c) El Consejo Social de la Ciudad.
d) La Comisión de Gobierno Municipal.

10. ¿Quién convoca y preside las sesiones del Pleno y las de la Junta de Gobierno Local?

a) El Alcalde.
b) El Secretario General.
c) El Primer Teniente de Alcalde, en todo caso.
d) Ninguna respuesta es correcta.

11. No corresponde al secretario general del Pleno:

a) La expedición, con el visto bueno del Presidente del Pleno, de las certificaciones de los actos y acuerdos que se adopten.
b) Ejercer la superior dirección del personal al servicio de la Administración municipal.
c) La comunicación, publicación y ejecución de los acuerdos plenarios.
d) La colaboración en el normal desarrollo de los trabajos del Pleno y de las comisiones.

12. ¿Quién es el encargado de la custodia de las actas?

a) El Alcalde.
b) El Jefe de la Policía Local.
c) El concejal de mayor edad.
d) El Secretario General del Pleno.

13. ¿Cuál de las siguientes es una de las atribuciones que corresponden al Pleno en virtud del art. 123.1 LRL?

a) La aprobación y modificación de los reglamentos de naturaleza orgánica.
b) La aprobación y modificación de las ordenanzas y reglamentos municipales.
c) El control y la fiscalización de los órganos de gobierno.
d) Todas las respuestas son correctas.

14. ¿Ante quién responde de su gestión política el Alcalde?

a) Ante el Pleno.
b) Ante la Diputación Provincial.

c) Ante el Tribunal Superior de Justicia de su Comunidad Autónoma.
d) Ante la Audiencia Nacional.

15. ¿Quién nombra y cesa a los Presidentes de los Distritos?

a) El Alcalde.
b) El Pleno Municipal.
c) El Secretario General.
d) Los vecinos del Distrito.

16. Señala la respuesta incorrecta respecto a los Distritos:

a) Los ayuntamientos deberán crear distritos para impulsar y desarrollar la participación ciudadana en la gestión de los asuntos municipales y su mejora, sin perjuicio de la unidad de gobierno y gestión del municipio.
b) La presidencia del distrito corresponderá en todo caso al Alcalde.
c) Corresponde al Pleno de la Corporación determinar, en una norma de carácter orgánico, el porcentaje mínimo de los recursos presupuestarios de la corporación que deberán gestionarse por los distritos, en su conjunto.
d) Aparecen regulados en el art. 128 de la LRL.

17. Atendiendo a qué criterios se nombrarán a los coordinadores generales y de los directores generales:

a) Atendiendo a criterios de mérito, capacidad y antigüedad.
b) Atendiendo a criterios de igualdad y objetividad.
c) Atendiendo a criterios de experiencia y profesionalidad.
d) Atendiendo a criterios de competencia profesional y experiencia.

18. ¿A qué órgano le corresponde emitir informes, estudios y propuestas en materia de desarrollo económico local, planificación estratégica de la ciudad y grandes proyectos urbanos?

a) Al Pleno Municipal.
b) Al Consejo Social de la Ciudad.
c) A la Junta Municipal de Desarrollo.
d) A la Comisión Especial de Sugerencias y Reclamaciones.

19. ¿Cómo se denomina el órgano creado por el Pleno para la defensa de los derechos de los vecinos ante la Administración municipal?

a) Comité Local de Defensa de los Derechos de los Vecinos.
b) Junta Municipal de Defensa y Asesoramiento Vecinal.
c) Comisión Local de Quejas y Sugerencias Vecinales.
d) Comisión Especial de Sugerencias y Reclamaciones.

20. Señala la respuesta incorrecta respecto a la Comisión Especial de Sugerencias y Reclamaciones:

a) La Comisión especial de Sugerencias y Reclamaciones estará formada por representantes de los dos grupos mayoritarios que integren el Pleno.

b) Para el desarrollo de sus funciones, todos los órganos de Gobierno y de la Administración municipal están obligados a colaborar con la Comisión de Sugerencias y Reclamaciones.

c) Podrá supervisar la actividad de la Administración municipal, y deberá dar cuenta al Pleno de las quejas presentadas y de las deficiencias observadas en el funcionamiento de los servicios municipales, con especificación de las sugerencias o recomendaciones no admitidas por la Administración municipal.

d) Podrá realizar informes extraordinarios cuando la gravedad o la urgencia de los hechos lo aconsejen.

21. ¿A quién corresponde la creación de los distritos y su regulación?

a) Al Alcalde.
b) Al Pleno de la Corporación.
c) Al Consejo de Gobierno.
d) A la Junta de Gobierno Local.

22. Señala una de las funciones del Alcalde conforme al art. 124 LRL:

a) Establecer directrices generales de la acción de gobierno municipal y asegurar su continuidad.
b) Ejercer la Jefatura de la Policía Municipal.
c) Dictar bandos, decretos e instrucciones.
d) Todas las respuestas son correctas.

23. Señala la respuesta incorrecta respecto a la Junta de Gobierno Local:

a) Le corresponde la aprobación de los proyectos de instrumentos de ordenación urbanística cuya aprobación definitiva o provisional corresponda al Pleno.

b) Sus deliberaciones son públicas.

c) Una de sus funciones es la concesión de cualquier tipo de licencia, salvo que la legislación sectorial la atribuya expresamente a otro órgano.

d) Nombra y el cesa a los titulares de los órganos directivos de la Administración municipal, sin perjuicio de lo dispuesto en la disposición adicional octava de la LRL para los funcionarios de Administración local con habilitación de carácter nacional.

Solución al test n.º 1-2-3

1. a) El Pleno.

2. c) Excelencia.

3. a) El Alcalde.

4. b) Ilustrísima.

5. c) Corresponde al Alcalde nombrar y separar libremente a los miembros de la Junta de Gobierno Local, cuyo número no podrá exceder de la mitad del número legal de miembros del Pleno, además del Alcalde.

6. c) Los miembros de la Junta de Gobierno Local.

7. a) Anualmente.

8. a) El Alcalde.

9. b) La Junta de Gobierno Local.

10. a) El Alcalde.

11. b) Ejercer la superior dirección del personal al servicio de la Administración municipal.

12. d) El Secretario General del Pleno.

13. d) Todas las respuestas son correctas.

14. a) Ante el Pleno.

15. a) El Alcalde.

16. b) La presidencia del distrito corresponderá en todo caso al Alcalde.

17. d) Atendiendo a criterios de competencia profesional y experiencia.

18. b) Al Consejo Social de la Ciudad.

19. d) Comisión Especial de Sugerencias y Reclamaciones.

20. a) La Comisión especial de Sugerencias y Reclamaciones estará formada por representantes de los dos grupos mayoritarios que integren el Pleno.

21. b) Al Pleno de la Corporación.

22. d) Todas las respuestas son correctas.

23. b) Sus deliberaciones son públicas.

TEST N.º 4

Régimen de sesiones y acuerdos de los órganos colegiados locales

1. Atendiendo a su finalidad fundamental, puede definirse la sesión como:

a) Un acto más del procedimiento.
b) Una reunión de los miembros de la Corporación.
c) Un procedimiento que tiene por objeto la formación y declaración de voluntad del órgano colegiado.
d) Una conferencia expositiva.

2. Las sesiones pueden ser:

a) Ordinarias y extraordinarias.
b) Ordinarias y permanentes.
c) Permanentes y especiales.
d) Ordinarias, extraordinarias y extraordinarias urgentes.

3. La periodicidad de las sesiones extraordinarias es:

a) Como mínimo cada mes en los Ayuntamientos de municipios de más de 20.000 habitante.
b) Cada dos meses en los Ayuntamientos de los municipios de una población entre 5.001 habitantes y 20.000 habitantes.
c) Las sesiones extraordinarias no están sujetas a periodicidad.
d) Cada tres meses en los municipios de hasta 5.000 habitantes.

4. Si el Presidente no convocase el Pleno extraordinario solicitado por la cuarta parte, al menos, del número legal de miembros de la Corporación dentro del plazo de quince días hábiles desde que fuera solicitado:

a) Quedará automáticamente convocado para el décimo día hábil siguiente al de la finalización de dicho plazo, a las once horas.
b) Quedará automáticamente convocado para el undécimo día hábil siguiente al de la finalización de dicho plazo, a las doce horas.

c) Quedará automáticamente convocado para el décimo día hábil siguiente al de la finalización de dicho plazo, a las doce horas.

d) Ninguna respuesta es correcta.

5. La convocatoria de las sesiones dará lugar a la apertura del correspondiente expediente, en el que no deberá constar:

a) La constancia de las tasas que procedan.

b) La relación de expedientes conclusos.

c) La fijación del Orden del Día.

d) Minuta del Acta.

6. En el Orden del Día de las sesiones ordinarias se incluirá el punto de ruegos y preguntas:

a) De todos los asistentes.

b) Siempre.

c) De las asociaciones de vecinos.

d) En determinados casos.

7. ¿Es posible habilitarse otro edificio o local para la celebración de las sesiones?

a) En los casos de fuerza mayor.

b) En ningún caso.

c) Se celebrarán en la Casa Consistorial y si no es posible se suspenderá la sesión.

d) En todo caso, se celebrarán en Palacio Provincial o sede de la Corporación de que se trate.

8. Quien se considere aludido por una intervención podrá solicitar del Alcalde o Presidente:

a) La concesión de un turno por alusiones por tiempo de tres minutos.

b) Retirarse de la sesión.

c) Que se conceda un turno por alusiones, que será breve y conciso.

d) La concesión de un turno por alusiones por tiempo de cinco minutos.

9. ¿En qué consiste la moción?

a) Es la propuesta sometida a Pleno tras el estudio del expediente por la Comisión Informativa.

b) Es la propuesta que se somete a Pleno relativa a un asunto incluido en el Orden del Día sin haber pasado por la Comisión Informativa.

c) Es la propuesta que se somete directamente a conocimiento del Pleno, sobre un asunto no comprendido en el Orden del Día y que no tiene cabida en el punto de ruegos y preguntas.

d) Es la propuesta de modificación de un dictamen formulada por un miembro de la Comisión Informativa.

10. La votación podrá ser:

a) Por nombre y apellidos o por partido político.
b) Nominal, secreta y en voz alta.
c) Secreta y no secreta.
d) Nominal, secreta y ordinaria.

11. La votación secreta:

a) Podrá utilizarse para la aprobación de las Ordenanzas.
b) Solo podrá utilizarse para elección o destitución de personas.
c) Solo podrá utilizarse para la aprobación del Presupuesto.
d) Solo podrá utilizarse para el despido del personal laboral.

12. En los municipios de gran población no se exigirá el voto favorable de la mayoría absoluta del número legal de miembros del Pleno para:

a) La concertación de las operaciones de crédito.
b) Los acuerdos relativos a la participación en organizaciones supramunicipales.
c) La aprobación y modificación de los reglamentos de naturaleza orgánica.
d) Los acuerdos relativos a la delimitación y alteración del término municipal.

13. En los municipios de régimen común se exigirá el voto favorable de la mayoría absoluta del número legal de miembros del Pleno para:

a) La determinación de los recursos propios de carácter tributario.
b) La alteración del nombre y de la capitalidad del municipio.
c) Las dos anteriores son correctas.
d) la aprobación y modificación de los presupuestos.

14. La enajenación de bienes, cuando su cuantía exceda del 20 % de los recursos ordinarios de su presupuesto requerirá:

a) Mayoría simple.
b) Mayoría de dos tercios.
c) Mayoría absoluta.
d) Mayoría de un tercio.

15. Cuando las resoluciones administrativas se dicten por delegación:

a) Se deberá dictar una resolución posterior por la Autoridad delegante.
b) Se acompañará de copia del acuerdo de delegación.
c) Podrá ser revocada en cualquier momento.
d) Se hará constar expresamente esta circunstancia y se considerarán dictadas por la Autoridad que la haya conferido.

16. Los acuerdos emanados de los Presidentes de las Entidades Locales, denominados Resoluciones, adoptan la forma de:

a) Dictámenes del Presidente.
b) Reales Decreto de la Presidencia.
c) Acuerdos de la Presidencia.
d) Decreto de la Presidencia.

17. Como regla general, los actos de las Entidades Locales son:

a) Inmediatamente ejecutivos.
b) Ejecutivos cuando así lo disponga la norma.
c) Nunca son ejecutivos.
d) Ejecutivos a los veinte días de su firmeza.

18. El Alcalde y el Presidente de la Diputación darán cuenta sucinta a la Corporación, de las resoluciones que hubieren adoptado desde la última sesión plenaria ordinaria:

a) En cada sesión ordinaria del Pleno.
b) En cada sesión de la Junta de Gobierno.
c) En cada sesión convocada al efecto.
d) En cualquier sesión del Pleno.

19. El responsable de que se remita a los representantes de la Administración General del Estado y de la Comunidad Autónoma un extracto de los actos y acuerdos de una Corporación es, de forma mediata, el:

a) Presidente.
b) El Interventor.
c) Notificador.
d) Jefe de cada Dependencia.

20. El funcionamiento de las Juntas de Distrito se rige por las normas que acuerde:

a) La Junta de Gobierno Local.
b) El Alcalde.
c) El Pleno.
d) El Presidente de la Junta de Distrito.

21. La determinación de la periodicidad de las sesiones plenarias ordinarias se acuerda por el:

a) Propio Pleno en la sesión constitutiva.
b) Alcalde o Presidente.
c) Pleno, con un mínimo de una al mes.
d) Pleno en sesión extraordinaria.

22. Puede pedir la celebración de sesión extraordinaria y debe, por ello, convocarse:

a) Un tercio del número de hecho de miembros de la Corporación.
b) Un tercio del número legal de miembros de la misma.
c) Una cuarta parte de este último número.
d) La décima parte de los mismos.

23. La celebración de una sesión extraordinaria solicitada legalmente, en principio, no debe demorarse, desde que se solicitó, por más de:

a) Cuatro días hábiles.
b) Dos meses.
c) Quince días hábiles.
d) Cuando lo estime oportuno el Alcalde, sin límite de tiempo.

24. Las sesiones extraordinarias se convocarán como mínimo:

a) Dos días naturales antes.
b) Veinticuatro horas antes.
c) Dos días hábiles antes.
d) No se requiere plazo alguno.

25. Las sesiones extraordinarias urgentes deben convocarse con una antelación mínima de:

a) Cuatro días.
b) Dos días naturales.
c) Dos días hábiles.
d) Nada de lo anterior es cierto.

26. Debe motivarse la convocatoria de:

a) Todas las sesiones.
b) Las ordinarias.
c) Las extraordinarias.
d) Ninguna de ellas.

27. Las sesiones que deben comenzar con un pronunciamiento sobre su urgencia son:

a) Todas.
b) Las extraordinarias.
c) Las ordinarias.
d) Las extraordinarias urgentes.

28. El orden del día de las sesiones:

a) Se adjunta a la convocatoria.
b) Se incluye en esta.
c) Se entrega antes de comenzar la sesión, una vez constituida.
d) Ninguna de las respuestas anteriores es correcta.

29. Pueden solicitar que un asunto se estudie en una sesión de Pleno sin haber sido dictaminado por la Comisión Informativa respectiva:

a) Solo el Alcalde.
b) Las Comisiones Informativas.
c) Los Portavoces de los Grupos Políticos.
d) Cualquier Concejal.

30. Se requiere ratificación de la inclusión de un asunto en el Orden del Día:

a) En caso de que se lleve por urgencias.
b) Si no se ha dictaminado previamente por la Comisión pertinente.
c) En los dos casos anteriores.
d) En cualquier caso.

31. Los ruegos y preguntas se incluyen en las sesiones:

a) De todo tipo.
b) Ordinarias.
c) Extraordinarias.
d) Urgentes.

32. La declaración de urgencia de un asunto no incluido en el orden del día requiere:

a) Decreto del Presidente.
b) Que sea sesión extraordinaria.
c) Mayoría absoluta del número legal de miembros.
d) Informe del Secretario General.

33. Un acuerdo sobre un asunto urgente que no haya sido considerado tal es:

a) Irregular.
b) Válido.
c) Nulo.
d) Anulable.

34. Puede redactarse en catalán una convocatoria u orden del día:

a) En cualquier caso.
b) Cuando así lo acuerde la propia Corporación.

c) En cualquier sesión de una Corporación Local.
d) Cuando sea lengua oficial.

35. Para declarar secreto el debate de un asunto en un Pleno se requiere:

a) Decreto del Alcalde o Presidente.
b) Que así se fije en la convocatoria.
c) Que lo acuerde la mayoría de los miembros.
d) Que se acuerde por mayoría absoluta de estos.

36. Para celebrar una sesión fuera de la sede de la Corporación se requiere:

a) Resolución de la Presidencia.
b) Acuerdo del órgano de que se trate.
c) Caso fortuito.
d) Nada de lo anterior, pues puede hacerse en cualquier caso y momento.

37. Terminar una sesión el mismo día en que comienza es:

a) Obligatorio.
b) La regla general.
c) Lo anormal.
d) Preceptivo en las ordinarias.

38. Como regla general, el mínimo de quórum para constituir válidamente el Pleno es de:

a) Un tercio del número legal de miembros.
b) Asistencia del Presidente y el Secretario, exclusivamente.
c) Tres miembros.
d) Depende de la convocatoria en que se celebra.

39. Si no hay quórum en la constitución de una sesión del Pleno se:

a) Celebra media hora después.
b) Celebra con carácter deliberante.
c) Convoca a la misma hora dos días después.
d) Entiende automáticamente convocada, a la misma hora, dos días después.

40. Si una vez constituida la sesión, quedaran menos de tres miembros en la misma se:

a) Levanta la misma.
b) Adoptan acuerdos que no requieran mayoría cualificada.
c) Puede adoptar cualquier acuerdo.
d) Entiende convocada la sesión dos días después.

41. Deben comunicarse a la Alcaldía las ausencias del término municipal de un Concejal que excedan de:

a) Dos días.
b) Un día.
c) Ocho días.
d) No es necesario hacerlo.

42. El Alcalde de un Municipio con población de trescientos mil habitantes puede sancionar a los miembros que no asistan a las sesiones con:

a) Separación del cargo.
b) Reprobación oficial.
c) Multa.
d) Suspensión provisional.

43. Un miembro no puede hacer uso de la palabra en una sesión:

a) Extraordinaria del Pleno o de la Junta de Gobierno Local.
b) Salvo por su Portavoz.
c) Cuando se vote.
d) Puede hacerlo en cualquier momento.

44. Las interrupciones en las sesiones del Pleno:

a) Solo se dan para que pueda informar un particular sobre un asunto concreto.
b) Están prohibidas.
c) Las señala discrecionalmente el Presidente de la sesión.
d) Se realizan siempre antes de votar, para deliberar.

45. La propuesta de modificación de un dictamen formulada por un miembro de la Comisión Informativa se denomina:

a) Moción.
b) Enmienda.
c) Voto particular.
d) Proposición.

46. A cualquier cuestión planteada a los órganos de gobierno en el seno del Pleno se le llama:

a) Voto particular.
b) Pregunta.
c) Ruego.
d) Moción.

47. En las Asambleas Vecinales de una Entidad de ámbito territorial inferior al municipal, los acuerdos se adoptan por:

a) El Alcalde Pedáneo.
b) Mayoría simple.
c) Mayoría absoluta.
d) Unanimidad.

48. Las sesiones extraordinarias de la Junta de Gobierno Local se celebran como mínimo cada:

a) Mes.
b) Quince días.
c) Dos meses.
d) No tienen un mínimo preestablecido.

49. El día y hora de celebración de las sesiones ordinarias de la Junta de Gobierno Local los fija el/la:

a) Reglamento Orgánico.
b) Pleno.
c) Presidente.
d) Ley.

50. Entre la convocatoria y la celebración de la sesión ordinaria de esta Junta de Gobierno Local deben transcurrir:

a) No menos de veinticuatro horas.
b) Setenta y dos horas.
c) Dos días hábiles.
d) Dos días naturales.

51. Las sesiones de la Junta de Gobierno Local son:

a) Públicas.
b) No públicas siempre.
c) A puerta cerrada, salvo votación por mayoría absoluta.
d) Solo deliberantes.

52. Si no hay quórum en primera convocatoria se celebra la reunión de la Junta de Gobierno Local:

a) Una hora después.
b) A los dos días.
c) A la media hora.
d) El día siguiente.

53. Las conclusiones de la Junta de Gobierno Local en reuniones deliberantes se denominan:

a) Dictámenes.
b) Acuerdos.
c) Resoluciones.
d) Instrucciones.

54. Cuando asiste al Presidente, la Junta de Gobierno Local:

a) Adopta acuerdos.
b) Emana dictámenes.
c) Realiza votaciones formales.
d) Expide Decretos.

55. Para votar nominalmente debe acordarse por el/los:

a) Grupos Políticos.
b) Pleno.
c) Alcalde o Presidente.
d) Pleno en votación secreta.

56. La forma de votación prevista con carácter exclusivo para elección de personas es la:

a) Ordinaria.
b) Nominal.
c) A mano alzada.
d) Secreta.

57. La votación por papeletas es la:

a) Forma prohibida.
b) Nominal.
c) Secreta.
d) Ordinaria.

58. Puede delegarse el voto en:

a) Un Concejal del mismo Grupo Político.
b) El Portavoz del Grupo Político.
c) El Presidente.
d) Nadie.

59. Si persiste un empate en una segunda votación se:

a) Celebra una nueva sesión.
b) Lo dirime el Presidente o Alcalde.

c) Levanta la sesión.
d) Efectúa un sorteo.

60. Se requiere quórum de mayoría absoluta del número legal de miembros del Ayuntamiento de un Municipio de régimen común para aprobar:

a) Una delegación de competencias en la Junta de Gobierno Local.
b) La alteración de la calificación jurídica de los bienes comunales.
c) Una Ordenanza de Mercados.
d) Para todos ellos.

61. Si el Ayuntamiento de un Municipio de régimen común pretende vender un bien patrimonial que no supera el 10 % de los recursos ordinarios de Presupuesto, se requiere:

a) Mayoría simple.
b) Mayoría absoluta.
c) Dos tercios del número legal de miembros.
d) Dos tercios del número de hecho de estos.

62. La municipalización de una actividad en monopolio requiere quórum cualificado de:

a) Ningún tipo.
b) Mayoría absoluta del número legal de miembros.
c) Mayoría absoluta del número de hecho de estos.
d) Dos terceras partes del número de hecho y, en todo caso, mayoría absoluta del número legal de miembros.

63. En las Comisiones Informativas, ¿quién decide en caso de empate en las votaciones?

a) El Pleno.
b) El miembro más antiguo, con voto de calidad.
c) El miembro de mayor edad, con voto especial.
d) El Presidente con voto de calidad.

64. Los traslados de una resolución del Alcalde se efectúan por el:

a) Propio Alcalde.
b) Encargado del Registro.
c) Responsable de la Secretaría General.
d) Jefe de la Dependencia.

65. El Alcalde ha de dar cuenta sucinta de las resoluciones que adopte:

a) Al Pleno, en la sesión ordinaria posterior a su adopción.
b) A la Junta de Gobierno Local en la siguiente sesión que celebre.

c) A los Portavoces de los Grupos Políticos representados en la Corporación.
d) En ningún caso, al provenir de un órgano unipersonal.

66. Con carácter general, la Junta de Gobierno Local, existe en todos los Municipios con población superior a:

a) 500 habitantes.
b) 1.000 habitantes.
c) 3.000 habitantes.
d) 5.000 habitantes.

67. La propuesta que se somete directamente a conocimiento del Pleno, sobre un asunto no comprendido en el Orden del Día y que no tiene cabida en el punto de ruegos y preguntas, se denomina:

a) Proposición.
b) Moción.
c) Enmienda.
d) Ruego.

68. ¿Cuál es el sistema normal de votación en las Corporaciones Locales?

a) El nominal.
b) El secreto.
c) El ordinario.
d) El público.

69. Las Comisiones Informativas, estarán obligados a convocar sesión extraordinaria cuando lo solicite al menos:

a) La cuarta parte de sus miembros.
b) La quinta parte de sus miembros.
c) El Presidente.
d) Un miembro.

Solución al test n.º 4

1. c) Un procedimiento que tiene por objeto la formación y declaración de voluntad del órgano colegiado.

2. d) Ordinarias, extraordinarias y extraordinarias urgentes.

3. c) Las sesiones extraordinarias no están sujetas a periodicidad.

4. c) Quedará automáticamente convocado para el décimo día hábil siguiente al de la finalización de dicho plazo, a las doce horas.

5. a) La constancia de las tasas que procedan.

6. b) Siempre.

7. a) En los casos de fuerza mayor.

8. c) Que se conceda un turno por alusiones, que será breve y conciso.

9. c) Es la propuesta que se somete directamente a conocimiento del Pleno, sobre un asunto no comprendido en el Orden del Día y que no tiene cabida en el punto de ruegos y preguntas.

10. d) Nominal, secreta y ordinaria.

11. b) Solo podrá utilizarse para elección o destitución de personas.

12. a) La concertación de las operaciones de crédito.

13. b) La alteración del nombre y de la capitalidad del municipio.

14. c) Mayoría absoluta.

15. d) Se hará constar expresamente esta circunstancia y se considerarán dictadas por la Autoridad que la haya conferido.

16. d) Decreto de la Presidencia.

17. a) Inmediatamente ejecutivos.

18. a) En cada sesión ordinaria del Pleno.

19. a) Presidente.

20. c) El Pleno.

21. d) Pleno en sesión extraordinaria.

22. c) Una cuarta parte de este último número.

23. c) Quince días hábiles.

24. c) Dos días hábiles antes.

25. d) Nada de lo anterior es cierto.

26. c) Las extraordinarias.

27. d) Las extraordinarias urgentes.

28. a) Se adjunta a la convocatoria.

29. c) Los Portavoces de los Grupos Políticos.

30. b) Si no se ha dictaminado previamente por la Comisión pertinente.

31. b) Ordinarias.

32. c) Mayoría absoluta del número legal de miembros.

33. c) Nulo.

34. d) Cuando sea lengua oficial.

35. d) Que se acuerde por mayoría absoluta de estos.

36. a) Resolución de la Presidencia.

37. b) La regla general.

38. a) Un tercio del número legal de miembros.

39. d) Entiende automáticamente convocada, a la misma hora, dos días después.

40. a) Levanta la misma.

41. c) Ocho días.

42. c) Multa.

43. c) Cuando se vote.

44. c) Las señala discrecionalmente el Presidente de la sesión.

45. c) Voto particular.

46. b) Pregunta.

47. b) Mayoría simple.

48. d) No tienen un mínimo preestablecido.

49. c) Presidente.

50. a) No menos de veinticuatro horas.

51. b) No públicas siempre.

52. a) Una hora después.

53. a) Dictámenes.

54. b) Emana dictámenes.

55. b) Pleno.

56. d) Secreta.

57. c) Secreta.

58. d) Nadie.

59. b) Lo dirime el Presidente o Alcalde.

60. b) La alteración de la calificación jurídica de los bienes comunales.

61. a) Mayoría simple.

62. b) Mayoría absoluta del número legal de miembros.

63. d) El Presidente con voto de calidad.

64. c) Responsable de la Secretaría General.

65. a) Al Pleno, en la sesión ordinaria posterior a su adopción.

66. d) 5.000 habitantes.

67. b) Moción.

68. c) El ordinario.

69. a) La cuarta parte de sus miembros.

TEST N.º 5

La potestad reglamentaria de las entidades locales.
Ordenanzas, reglamentos y bandos

1. ¿Cómo se denominan los bandos dictados en desarrollo de las atribuciones del Alcalde para mejor regir y gobernar la vida de la comunidad?

a) Bandos Ordinarios.
b) Bandos de Gobierno.
c) Bandos de Policía y Buen Gobierno.
d) Bandos de Seguridad y Buen Gobierno.

2. ¿A quién le corresponde, en los Municipios de gran población, la aprobación de los proyectos de ordenanzas y reglamentos, incluidos los orgánicos, con excepción de las normas reguladoras del Pleno y de sus comisiones?

a) Al Alcalde.
b) Al Pleno.
c) A la Junta de Gobierno Local.
d) Al Secretario de la Corporación.

3. Los actos de deterioro grave y relevante de equipamientos, infraestructuras, instalaciones o elementos de un servicio público, constituyen una infracción a las ordenanzas locales de carácter:

a) Muy grave.
b) Grave.
c) Menos grave.
d) Leve.

4. Las infracciones leves de las Ordenanzas Locales podrán acarrear una multa de hasta:

a) 1.500 euros.
b) 1.000 euros.
c) 750 euros.
d) 600 euros.

5. ¿Cuándo prescribirán las sanciones impuestas por faltas muy graves a las Ordenanzas Locales, si estas no fijaran plazo de prescripción?

a) A los cinco años.
b) A los tres años.
c) A los dos años.
d) Al año.

6. El art. 30 de la Ley 40/2015, de 1 de octubre, de Régimen Jurídico del Sector Público, dispone que las infracciones y sanciones prescriban según lo dispuesto en las leyes que las establezcan. Si estas no fijan plazos de prescripción, las infracciones muy graves prescribirán:

a) A los cinco años.
b) A los tres años.
c) A los dos años.
d) Al año.

7. ¿Cómo se denominan los bandos que se limitan a recordar el cumplimiento de disposiciones vigentes de carácter legal, publicándose en fechas fijadas de antemano por la ley y en todos los Municipios?

a) Bandos generales.
b) Bandos simples.
c) Bandos ordinarios.
d) Bandos periódicos.

8. ¿Cómo se denominan los bandos dictados en desarrollo de las atribuciones del Alcalde para mejor regir y gobernar la vida de la comunidad?

a) Bandos de urgencia.
b) Bandos periódicos.
c) Bandos de buena administración.
d) Bandos de policía y buen gobierno.

9. ¿A qué disposiciones denomina GARCÍA DE ENTERRÍA «reglamentos de necesidad»?

a) A las Ordenanzas.
b) A los Decretos.
c) A los Reales Decretos.
d) A los Bandos.

10. Las infracciones a las ordenanzas locales a que se refiere el artículo anterior se clasificarán en:

a) Muy graves, graves y leves.
b) Muy graves, graves y menos graves.

c) Graves y leves.
d) Muy graves, menos graves, graves y leves.

11. El impedimento o la grave y relevante obstrucción al normal funcionamiento de un servicio público, constituye una infracción:

a) Muy grave.
b) Menos grave.
c) Grave.
d) Leve.

12. Salvo previsión legal distinta, las multas por infracción muy grave a las Ordenanzas locales, se sanciona con una sanción económica de:

a) Hasta 6.000 euros.
b) Hasta 5.000 euros.
c) Hasta 3.000 euros.
d) Hasta 1.500 euros.

13. Salvo previsión legal distinta, las multas por infracción leve a las Ordenanzas locales, se sanciona con una sanción económica de:

a) Hasta 1.000 euros.
b) Hasta 750 euros.
c) Hasta 500 euros.
d) Hasta 300 euros.

14. Las Ordenanzas fiscales entran en vigor:

a) En el momento de su publicación definitiva en el Boletín Oficial de la Provincia.
b) A los diez días de su publicación definitiva en el Boletín Oficial de la Provincia.
c) En el momento de su publicación definitiva en el Boletín Oficial del Estado.
d) A los veinte días de su publicación definitiva en el Boletín Oficial del Estado.

15. Las normas locales que regulan las relaciones entre el Ente Local que las promulga y los ciudadanos a los que se dirigen, se denominan:

a) Reglamentos.
b) Ordenanzas.
c) Bandos.
d) Recomendaciones.

16. Por el Pleno de la Corporación se aprobarán inicialmente las Ordenanzas y Reglamentos, como regla general por:

a) Mayoría de los miembros del Pleno de la Corporación.
b) Mayoría absoluta y con el voto favorable del Presidente de la Corporación.

c) Basta con el voto favorable del Presidente de la Corporación.
d) La Junta de Gobierno, por delegación del Pleno.

17. Una vez aprobadas inicialmente las Ordenanzas y Reglamentos, se expondrán al público durante un plazo mínimo de:

a) Cuarenta y cinco días hábiles.
b) Treinta días hábiles.
c) Veinte días naturales.
d) Quince días naturales.

18. Aprobadas definitivamente las Ordenanzas y Reglamentos, se procederá a su publicación en:

a) El Boletín Oficial de la Provincia.
b) El Boletín Oficial de la Comunidad Autónoma.
c) El Boletín Oficial del Estado.
d) El Boletín Oficial de la Comunidad Autónoma y en el BOE.

19. Para la modificación del Reglamento Orgánico de una Corporación, será necesario el voto favorable de/del:

a) Presidente de la Corporación.
b) La mayoría simple del número legal de miembros de la Corporación.
c) La mayoría absoluta del número legal de miembros de la Corporación.
d) No existe una mayoría establecida.

Solución al test n.º 5

1. c) Bandos de Policía y Buen Gobierno.

2. c) A la Junta de Gobierno Local.

3. a) Muy grave.

4. c) 750 euros.

5. b) A los tres años.

6. b) A los tres años.

7. d) Bandos periódicos.

8. d) Bandos de policía y buen gobierno.

9. d) A los Bandos.

10. a) Muy graves, graves y leves:

11. a) Muy grave.

12. c) Hasta 3.000 euros.

13. b) Hasta 750 euros.

14. a) En el momento de su publicación definitiva en el Boletín Oficial de la Provincia.

15. b) Ordenanzas.

16. a) Mayoría de los miembros del Pleno de la Corporación.

17. b) Treinta días hábiles.

18. a) El Boletín Oficial de la Provincia.

19. c) La mayoría absoluta del número legal de miembros de la Corporación.

TEST N.º 6

**El personal al servicio de la Administración local: funcionarias/
os propias/os de las entidades locales. Integración en escalas,
subescalas y clases. Derechos y deber**

1. ¿A qué dos principios ha de atender la designación del personal directivo profesional de las Administraciones Públicas?

a) Publicidad y concurrencia.
b) Legalidad e igualdad.
c) Capacidad y mérito.
d) Idoneidad y transparencia.

2. Para el acceso a los cuerpos o escalas del Grupo B se exigirá estar en posesión del:

a) Título de Técnico Superior.
b) Título de Bachiller.
c) Título de Técnico.
d) Título universitario de Grado.

3. La selección de todo el personal, sea funcionario o laboral, debe realizarse de acuerdo con la Oferta de Empleo Público, mediante convocatoria pública y a través del sistema de Concurso, Oposición o Concurso-Oposición libres en los que garanticen, en todo caso, los principios constitucionales de:

a) Capacidad, mérito, objetividad y legalidad.
b) Publicidad, eficacia, eficiencia, mérito y capacidad.
c) Igualdad, mérito y capacidad, así como el de publicidad.
d) Legalidad, publicidad, transparencia, mérito y capacidad.

4. Los titulares de la Secretaría-Intervención ejercerán sus funciones en las Secretarías de clase tercera, es decir, de Ayuntamientos de Municipios:

a) Con población inferior a 5.001 habitantes y cuyo Presupuesto no exceda de 3.010.060 euros.
b) Con población inferior a 3.001 habitantes y cuyo Presupuesto no exceda de 2.999.000 euros.

c) Con población inferior a 2.501 habitantes y cuyo Presupuesto no exceda de 1.500.060 euros.

d) Con población inferior a 1.00 habitantes y cuyo Presupuesto no exceda de 1.010.060 euros.

5. ¿A qué Subescala pertenecen los funcionarios que realicen tareas administrativas, normalmente de trámite y colaboración?

a) A la Subescala Técnica de Administración General.
b) A la Subescala de Gestión de Administración General.
c) A la Subescala Administrativa de Administración General.
d) A la Subescala Auxiliar de Administración General.

6. ¿A qué Subescala pertenecen los funcionarios que realicen tareas de mecanografía y taquigrafía?

a) A la Subescala Técnica de Administración General.
b) A la Subescala de Gestión de Administración General.
c) A la Subescala Administrativa de Administración General.
d) A la Subescala Auxiliar de Administración General.

7. Los Ayuntamientos de Municipios con población superior a 50.000 y no superior a 75.000 habitantes podrán incluir en sus plantillas puestos de trabajo de personal eventual por un número que no podrá exceder de:

a) Uno.
b) Dos.
c) Siete.
d) La mitad de concejales de la Corporación local.

8. ¿Con qué frecuencia publicarán las Corporaciones locales en su sede electrónica y en el Boletín Oficial de la Provincia o, en su caso, de la Comunidad Autónoma uniprovincial el número de los puestos de trabajo reservados a personal eventual?

a) Cada cinco años.
b) Cada dos años.
c) Anualmente.
d) Semestralmente.

9. La Oferta de Empleo de un Municipio de gran población debe aprobarla el/la:

a) Pleno.
b) Junta de Personal.
c) Presidente.
d) Junta de Gobierno Local.

10. ¿En qué clase se encuadrarían las Secretarías de Ayuntamientos de municipios cuyas poblaciones están comprendidas entre 5.001 y 20.000 habitantes?

a) Clase primera.
b) Clase segunda.
c) Clase tercera.
d) Clase cuarta.

11. Como regla general, en las Entidades Locales cuya Secretaría esté clasificada en clase tercera, las funciones propias de la Intervención:

a) No se llevarán a cabo dichas funciones, que las desempeñará el Interventor de la Diputación Provincial respectivo.
b) Existirán dos puestos de trabajo denominados Intervención Municipal.
c) Existirá un puesto de trabajo denominado Intervención.
d) Formarán parte del contenido del puesto de trabajo de Secretaría.

12. No puede ser Técnico de Administración General un Licenciado en:

a) Sociología.
b) Ciencias Políticas.
c) Derecho.
d) Ciencias Empresariales.

13. Pertenece a la Subescala de Servicios Especiales un:

a) Ingeniero Industrial al servicio de una Corporación Local.
b) Técnico de Administración General.
c) Suboficial del Servicio de Extinción de Incendios.
d) Contratado laboralmente.

14. Dentro del Personal de Oficios el escalón inferior lo ocupan los:

a) Ayudantes.
b) Peones.
c) Operarios.
d) Oficiales.

15. El número de Personal Eventual que haya de existir en un Municipio de régimen común se fija por el/la:

a) Pleno.
b) Alcalde o Presidente.
c) Comunidad Autónoma respectiva.
d) Junta de Gobierno Local.

16. No tendrán dedicación exclusiva los miembros de Corporaciones locales de población inferior a:

a) 15.000 habitantes.
b) 10.000 habitantes.
c) 2.500 habitantes.
d) 1.000 habitantes.

17. Indica cuál de los siguientes es uno de los derechos de carácter individual de los empleados públicos:

a) A percibir las retribuciones y las indemnizaciones por razón del servicio.
b) Al desempeño efectivo de las funciones o tareas propias de su condición profesional y de acuerdo con la progresión alcanzada en su carrera profesional.
c) A la formación continua y a la actualización permanente de sus conocimientos y capacidades profesionales, preferentemente en horario laboral.
d) Todas las respuestas son correctas.

18. Los empleos de Inspector y Subinspector de Policía Local solo podrán crearse en los Municipios de más de:

a) 25.000 habitantes.
b) 50.000 habitantes.
c) 75.000 habitantes.
d) 100.000 habitantes.

19. Los funcionarios que ejerciten el derecho de huelga, por el tiempo en que hayan permanecido en la misma, devengarán y percibirán:

a) Solo las retribuciones básicas prorrateadas.
b) Las retribuciones básicas y los trienios.
c) Todas las retribuciones que le corresponderían si no hubieran ejercido ese derecho.
d) No devengarán ni percibirán retribución alguna.

20. Los miembros de los Cuerpos de Policía Local, en el ejercicio de sus funciones, tendrán a todos los efectos legales el carácter de:

a) Agentes de la Autoridad.
b) Autoridad.
c) Delegados de la Autoridad.
d) Auxiliares de la Autoridad.

21. Señala la respuesta incorrecta respecto al régimen jurídico del personal laboral:

a) La Jurisdicción competente en esta materia es la Contencioso-Administrativa.
b) Dentro de este personal, por razón de la fijeza de su vinculación a la Entidad de que se trate, se distingue entre los contratados indefinidamente y los contratados temporalmente.

c) La selección de este personal se hará por concurso, concurso-oposición u oposición libre.

d) La contratación de este personal corresponde al Alcalde o al Presidente de la Diputación Provincial, a quien compete, también, la asignación del mismo a los distintos puestos de trabajo de carácter laboral previstos en las Relaciones de Puestos de Trabajo aprobadas por la Corporación, de acuerdo con la legislación laboral.

22. ¿Cuántos días hábiles de permiso se concederán en el caso de accidente o enfermedad graves, hospitalización o intervención quirúrgica sin hospitalización que precise de reposo domiciliario del cónyuge, pareja de hecho o parientes hasta el primer grado por consanguinidad o afinidad, así como de cualquier otra persona distinta de las anteriores que conviva con el funcionario o funcionaria en el mismo domicilio y que requiera el cuidado efectivo de aquella?

a) Tres días.
b) Cuatro días.
c) Cinco días.
d) Seis días.

23. ¿De cuántos días al año, con carácter general, podrá disponer el funcionario de permiso para asuntos personales sin justificación?

a) De hasta 6 días al año.
b) De hasta 7 días al año.
c) De hasta 8 días al año.
d) De hasta 9 días al año.

24. Como máximo y con carácter general, la necesidad de cuidado directo, continuo y permanente, el permiso por cuidado de hijo menor afectado por cáncer u otra enfermedad grave, se extenderá hasta que cumpla:

a) 12 años.
b) 18 años.
c) 16 años.
d) 23 años.

25. Por razón de matrimonio los funcionarios tendrán derecho a una licencia de:

a) Diez días.
b) Un mes.
c) Quince días.
d) Veinte días.

26. Por nacimiento de hijos prematuros o que por cualquier otra causa deban permanecer hospitalizados a continuación del parto, la funcionaria o el funcionario tendrá derecho a ausentarse del trabajo durante:

a) Un máximo de una hora diaria percibiendo las retribuciones íntegras.
b) Un máximo de 2 horas diarias percibiendo las retribuciones íntegras.

c) Un máximo de 2,5 horas diarias percibiendo las retribuciones íntegras.
d) Un máximo de 3 horas diarias percibiendo las retribuciones íntegras.

27. Las cantidades destinadas a financiar aportaciones a planes de pensiones o contratos de seguros tendrán a todos los efectos la consideración de:

a) Retribución básica.
b) Retribución complementaria.
c) Indemnizaciones.
d) Retribución diferida.

28. La antigüedad para entrar en el cupo de promoción interna es, como regla general, de:

a) Cinco años.
b) Tres años.
c) Dos años.
d) Depende de la plaza.

29. La observancia de las normas sobre seguridad y salud laboral:

a) Es un principio ético de los empleados públicos.
b) Se ajustará a lo que indiquen los representantes de los trabajadores.
c) Se establece solo para los puestos de trabajo cuyo desempeño suponga riesgos inequívocos.
d) Es obligatoria para todos los empleados públicos.

30. Para el cumplimiento de un deber inexcusable de carácter público o personal, se tiene derecho a un permiso:

a) De tres días.
b) Por tiempo indispensable.
c) De cinco días.
d) De dos días.

Solución al test n.º 6

1. c) Capacidad y mérito.

2. a) Título de Técnico Superior.

3. d) Legalidad, publicidad, transparencia, mérito y capacidad.

4. a) Con población inferior a 5.001 habitantes, cuyo Presupuesto no exceda de 3.010.060 euros.

5. c) A la Subescala Administrativa de Administración General.

6. d) A la Subescala Auxiliar de Administración General.

7. d) La mitad de concejales de la Corporación local.

8. d) Semestralmente.

9. d) Junta de Gobierno Local.

10. b) Clase segunda.

11. d) Formarán parte del contenido del puesto de trabajo de Secretaría.

12. a) Sociología.

13. c) Suboficial del Servicio de Extinción de Incendios.

14. c) Operarios.

15. a) Pleno.

16. d) 1.000 habitantes.

17. d) Todas las respuestas son correctas.

18. d) 100.000 habitantes.

19. d) No devengarán ni percibirán retribución alguna.

20. a) Agentes de la Autoridad.

21. a) La Jurisdicción competente en esta materia es la Contencioso-Administrativa.

22. c) Cinco días.

23. a) De hasta 6 días al año.

24. d) 23 años.

25. c) Quince días.

26. b) Un máximo de 2 horas diarias percibiendo las retribuciones íntegras.

27. d) Retribución diferida.

28. c) Dos años.

29. d) Es obligatoria para todos los empleados públicos.

30. b) Por tiempo indispensable.

TEST N.º 7

Los bienes de las entidades locales: su clasificación. Régimen jurídico de los bienes de las entidades locales

1. El Reglamento de Bienes de las Entidades Locales es de:

a) 2 de abril de 1985.
b) 11 de julio de 1986.
c) 28 de noviembre de 1986.
d) 13 de junio de 1986.

2. Según el Reglamento de Bienes de las Entidades Locales, los bienes de estas Entidades se clasifican en:

a) Patrimoniales y de propios.
b) Comunales, de dominio público y patrimoniales.
c) Comunales y de dominio privado.
d) De dominio público y patrimoniales.

3. Las Provincias como Entidades Locales no tienen bienes:

a) Privados.
b) Patrimoniales.
c) Comunales.
d) Demaniales.

4. Las aguas de las fuentes públicas son:

a) Comunales.
b) De servicio público.
c) De uso público.
d) Patrimoniales.

5. La inalienabilidad predicable de los bienes de dominio público significa que:

a) Solo pueden venderse con escritura pública.
b) No pueden ser utilizados por los particulares.

c) Por el transcurso del tiempo, unido a la posesión de los mismos, no se adquiere su propiedad.
d) No son susceptibles de venta alguna.

6. Los bienes de dominio público solo pagan el tributo:

a) De bienes inmuebles.
b) Que fije el Estado al efecto.
c) De carácter local que señale cada Comunidad Autónoma.
d) Ninguno.

7. El Presidente de una Diputación Provincial es competente para adquirir bienes a título oneroso siempre que su valor no supere los:

a) Diez millones de euros.
b) Seis millones de euros.
c) Tres millones de euros.
d) Cinco millones de euros.

8. En caso de que sea posible, la aceptación de una herencia ha de realizarse:

a) Solo cuando tenga cargas o gravámenes.
b) Cuando estas cargas sean superiores a los bienes.
c) Siempre a beneficio de inventario.
d) Para destinar los bienes a fines de beneficencia.

9. Se requiere autorización de la Comunidad Autónoma para la adquisición de:

a) Bienes de carácter histórico y artístico.
b) Inmuebles.
c) Semovientes.
d) Valores mobiliarios.

10. En cambio, se requiere el informe previo de la Comunidad Autónoma para adquirir onerosamente los siguientes bienes:

a) Inmuebles.
b) Valores mobiliarios.
c) Bienes de carácter histórico y artístico cuando exceda su valor del 1 % de los recursos ordinarios del Presupuesto.
d) Bienes de este carácter aunque no se exceda dicho límite, siempre que no se exceda el de la contratación directa de suministros.

11. El uso común general de los bienes de dominio público requiere:

a) Licencia.
b) Concesión.

c) Simple permiso.
d) Nada de lo anterior.

12. Por su parte, el uso privativo de un bien de dominio público requiere:

a) Previa autorización.
b) Simple permiso.
c) Concesión.
d) Licencia.

13. El uso común especial, requiere:

a) Licencia.
b) Simple precario.
c) Concesión.
d) Nada en especial.

14. Para usar privativamente bienes de servicio público se requiere:

a) Autorización.
b) Licencia.
c) Concesión.
d) Nada de lo anterior, pues no cabe este uso.

15. La realización del comercio ambulante en las vías públicas es un ejemplo de uso:

a) Común general.
b) Común especial.
c) Privativo.
d) Comunal.

16. Se considera anormal el siguiente uso del dominio público:

a) Instalar un quiosco.
b) Una industria callejera.
c) Estacionar un vehículo.
d) Una conducción subterránea de agua.

17. La enajenación de un bien de dominio público sin previa desafectación:

a) Corresponde al Pleno de la Entidad Local.
b) Es la regla general.
c) Puede hacerse por el Presidente de la Corporación directamente.
d) Es totalmente ilegal.

18. Para alterar la calificación jurídica de un bien municipal se requiere, salvo que sea automática:

a) Voto favorable de dos terceras partes de sus miembros legales.
b) Información pública durante un mes.
c) Voto favorable de la mayoría simple de miembros de la Entidad presentes en la sesión de que se trate.
d) Las respuestas b) y c) son correctas.

19. Se produce automáticamente esta alteración de la calificación jurídica de un bien:

a) Por adscripción de un bien demanial a un uso privado.
b) Por prescripción de un bien de dominio público por un particular.
c) Por usucapión en favor de la Entidad de un bien que estuviera destinado a un uso comunal.
d) En cualquiera de los tres casos anteriores.

20. Como trámite previo al ejercicio de acciones para la defensa de los bienes por una Entidad, se requiere:

a) Dictamen del Secretario de la Corporación.
b) Interposición de un interdicto de retener o recobrar.
c) Ejercicio del desahucio administrativo.
d) Información pública vecinal.

21. Cuando un particular requiere a una Entidad para que defienda un bien de la propiedad de esta, se le concede a la misma un plazo para hacerlo de:

a) Un año.
b) Un mes.
c) Treinta días hábiles.
d) Dos meses.

22. Si una Entidad no atiende el requerimiento de un particular para que defienda un bien de ella, el particular:

a) Debe ser indemnizado.
b) Puede ejercer la acción pública para dicha defensa.
c) Debe denunciar a la Entidad.
d) Adquiere la propiedad del bien de que se trate.

23. En relación con las demandas judiciales que afecten al dominio de las Entidades Locales, estas:

a) Han de consentir con las pretensiones del demandante.
b) Tienen absolutamente prohibido allanarse.

c) Actuarán sin necesidad de defensa letrada.

d) No pueden presentar oposición en sede judicial.

24. La comprobación del Inventario de Bienes de una Entidad Local es:

a) Anual.

b) Semestral.

c) En cada renovación de la Corporación.

d) Cada vez que cambie el Presidente de la Entidad.

25. La rectificación del Inventario de Bienes de una Entidad Local, debe hacerse:

a) Semestralmente.

b) Al renovarse la Corporación.

c) Anualmente.

d) Cuando lo diga el Secretario General de la Corporación.

26. Las avenidas y calles públicas, respecto al Inventario:

a) Deben excluirse.

b) Si son privadas se excluyen.

c) Se incluyen en todo caso.

d) Cuando estén inscritas en el Registro, se incluyen.

27. En el Inventario de Bienes no es necesario incluir:

a) Los bienes de uso público.

b) Los comunales.

c) Los patrimoniales.

d) Deben incluirse todos.

28. Para inscribir un bien mueble de una Entidad Local en el Registro de la Propiedad basta con:

a) Escritura pública.

b) Certificado del Secretario General en relación con el Inventario.

c) Certificado de acuerdo plenario.

d) Nada de lo anterior, al no ser susceptible de inscripción.

29. Para inscribir un bien patrimonial, susceptible de ello, en el Registro de la Propiedad:

a) Debe constar en escritura pública.

b) No se requiere esta, bastando con una certificación del Secretario General en relación con el Inventario.

c) No tiene por qué inscribirse este tipo de bienes.
d) Se hace de oficio por orden del Alcalde o Presidente.

30. A la facultad de delimitar la extensión de una propiedad de una Entidad Local ejercida por esta se le llama potestad de:

a) Deslinde.
b) Recuperación de oficio.
c) Investigación.
d) Desahucio administrativo.

31. Un particular que se entienda perjudicado en la extensión de un terreno de su propiedad por un deslinde administrativo debe salvaguardar sus derechos:

a) Interponiendo recurso contencioso-administrativo.
b) Acudiendo a la Jurisdicción ordinaria.
c) Reclamando ante el Alcalde.
d) No puede perjudicársele por un deslinde.

32. Cuando un particular no esté de acuerdo con los trámites seguidos en un deslinde de bienes por una Entidad Local debe:

a) Impugnarlo en vía contencioso-administrativa.
b) Impugnarlo ante la Jurisdicción ordinaria.
c) Interponer un interdicto de retener.
d) Interponer un interdicto de recobrar.

33. La Administración puede recuperar por sí misma los bienes patrimoniales usurpados:

a) Sin límite de tiempo.
b) Después de dos años de la usurpación.
c) Dentro de los cuatro años siguientes a esta.
d) Dentro del primer año tras la usurpación.

34. Si una Entidad no recupera de oficio en el plazo previsto para ello, sus bienes patrimoniales usurpados:

a) No puede ejercer acción alguna respecto de los mismos.
b) Puede recuperarlos de esta forma en cualquier momento.
c) Debe acudir a la Jurisdicción Contencioso-Administrativa.
d) Debe acudir a la Jurisdicción civil.

35. Para determinar la titularidad de los bienes presumiblemente de titularidad de una Entidad Local se acude al/a la:

a) Ejercicio de las acciones necesarias para su defensa.
b) Recuperación de oficio.

c) Deslinde.
d) Potestad de investigación.

36. A la extinción en vía administrativa de un derecho constituido sobre un bien comunal, se le denomina:

a) Interdicto de retener o recobrar la posesión.
b) Desahucio administrativo.
c) Potestad de investigación.
d) Recuperación de oficio.

37. Además de los Municipios, pueden tener bienes comunales los/las:

a) Áreas Metropolitanas.
b) Entidades de ámbito territorial inferior al municipal.
c) Provincias.
d) Todos ellos.

38. La titularidad del aprovechamiento de los bienes comunales la ostentan:

a) Solo los Municipios.
b) Estos y las Entidades de ámbito territorial inferior al municipal.
c) Los Municipios y cualquier otra Entidad Local.
d) Los vecinos.

39. Como regla general, el aprovechamiento de estos bienes comunales debe hacerse:

a) En régimen colectivo.
b) Según la Ordenanza al efecto.
c) En proporción directa a la situación económica del vecino.
d) En proporción inversa a esta situación.

40. La adjudicación de lotes de bienes comunales a los vecinos para su explotación se hace:

a) En proporción directa al número de familiares.
b) En proporción directa a su situación económica.
c) En proporción inversa al número de familiares.
d) Solo en explotación colectiva.

41. El máximo porcentaje que puede detraer una Corporación del producto de una subasta para adjudicar el aprovechamiento de bien comunal es del:

a) 1 % de los recursos ordinarios.
b) 10 % de estos recursos.

c) 5 %.
d) 25 %.

42. Puede suprimírsele el carácter de comunal a un bien:

a) Cuando permanezca más de un año sin ser aprovechado.
b) En cualquier caso, previo acuerdo de la Corporación por mayoría absoluta legal de sus miembros.
c) Sin necesidad de expediente alguno al efecto.
d) Ninguna de las respuestas anteriores es correcta.

43. Las parcelas sobrantes tienen el carácter de bienes:

a) Patrimoniales.
b) Comunales.
c) De uso público.
d) De servicio público.

44. Un camión municipal de recogida de basuras que esté en desuso por sus continuos problemas mecánicos es:

a) Comunal.
b) De servicio público.
c) De uso público.
d) Patrimonial.

45. Un bien comunal puede pasar a patrimonial por no ser objeto de disfrute de esta índole, por:

a) Nueve años.
b) Tres años.
c) Cinco años.
d) Más de diez años.

46. La diferencia de valor en una permuta de bienes patrimoniales por otros de carácter inmobiliario no debe sobrepasar el siguiente tanto por ciento:

a) 60 %.
b) 50 %.
c) 40 %.
d) 20 %.

47. El sistema general de enajenación de un bien patrimonial es el/la:

a) Concesión.
b) Permuta.

c) Subasta.
d) Enajenación directa.

48. Señala la respuesta incorrecta. La gestión y administración de los bienes y derechos patrimoniales por las Administraciones Públicas se ajustarán a los siguientes principios:

a) Identificación y control a través de inventarios o registros adecuados.
b) Subjetividad en la adquisición, explotación y enajenación de estos bienes.
c) Publicidad en la enajenación de estos bienes.
d) Transparencia en la adquisición de estos bienes.

49. Para que deba pedirse la autorización de la Comunidad Autónoma en una enajenación de bienes inmuebles se requiere que:

a) Su valor exceda del 10 % de los recursos ordinarios.
b) Su valor exceda del 25 % de estos recursos.
c) Se trate de un bien artístico.
d) No se requiere esta autorización en caso alguno.

50. La cesión gratuita de bienes a otra Administración, en el caso de un Municipio de régimen común, requiere el siguiente quórum:

a) Mayoría simple.
b) Mayoría absoluta del número legal de miembros.
c) Dos tercios del número de hecho y, en todo caso, mayoría absoluta del número legal de miembros.
d) No es posible ceder bienes gratuitamente.

51. ¿Cuál de las siguientes no es una característica básica de los bienes de dominio público?

a) No están sujetos a tributo alguno.
b) Son inalienables.
c) Son indestructibles.
d) Son imprescriptibles.

52. Las Administraciones Públicas podrán adquirir bienes y derechos por cualquiera de los modos previstos en el ordenamiento jurídico y, en particular, por:

a) Herencia, legado o donación.
b) Atribución de la ley.
c) Prescripción.
d) Todas las respuestas son correctas.

53. Las Administraciones Públicas podrán recuperar por sí mismas la posesión indebidamente perdida sobre los bienes y derechos de su patrimonio, y, si estos tienen la condición de demaniales, la potestad de recuperación podrá ejercitarse:

a) Antes de que transcurra el plazo de un año, contado desde el día siguiente al de la usurpación.

b) Antes de que transcurra el plazo de un año, contado desde el mismo día de la usurpación.

c) Antes de que transcurra el plazo de cinco años, contados desde el día siguiente al de la usurpación.

d) En cualquier momento.

54. Con respecto a los bienes comunales, la doctrina (SÁINZ MORENO, entre otros) distingue entre:

a) Bienes comunales típicos y bienes comunales atípicos.

b) Bienes comunales públicos y bienes comunales semipúblicos.

c) Bienes comunales regulares y bienes comunales irregulares.

d) Bienes comunales simples y bienes comunales complejos.

55. La cesión por cualquier título del aprovechamiento de bienes comunales deberá ser acordada:

a) Por el Pleno de la Corporación, requiriéndose el voto favorable de la mayoría simple del número legal de miembros de la Corporación.

b) Por el Pleno de la Corporación, requiriéndose el voto favorable de la mayoría absoluta del número legal de miembros de la Corporación.

c) Por la Junta de Gobierno Local.

d) Por el Alcalde.

Solución al test n.º 7

1. d) 13 de junio de 1986.

2. d) De dominio público y patrimoniales.

3. c) Comunales.

4. c) De uso público.

5. d) No son susceptibles de venta alguna.

6. d) Ninguno.

7. c) Tres millones de euros.

8. c) Siempre a beneficio de inventario.

9. d) Valores mobiliarios.

10. c) Bienes de carácter histórico y artístico cuando exceda su valor del 1 % de los recursos ordinarios del Presupuesto.

11. d) Nada de lo anterior.

12. c) Concesión.

13. a) Licencia.

14. d) Nada de lo anterior, pues no cabe este uso.

15. b) Común especial.

16. d) Una conducción subterránea de agua.

17. d) Es totalmente ilegal.

18. b) Información pública durante un mes.

19. c) Por usucapión en favor de la Entidad de un bien que estuviera destinado a un uso comunal.

20. a) Dictamen del Secretario de la Corporación.

21. c) Treinta días hábiles.

22. b) Puede ejercer la acción pública para dicha defensa.

23. b) Tienen absolutamente prohibido allanarse.

24. c) En cada renovación de la Corporación.

25. c) Anualmente.

26. c) Se incluyen en todo caso.

27. d) Deben incluirse todos.

28. d) Nada de lo anterior, al no ser susceptible de inscripción.

29. b) No se requiere esta, bastando con una certificación del Secretario General en relación con el Inventario.

30. a) Deslinde.

31. b) Acudiendo a la Jurisdicción ordinaria.

32. a) Impugnarlo en vía contencioso-administrativa.

33. d) Dentro del primer año tras la usurpación.

34. d) Debe acudir a la Jurisdicción civil.

35. d) Potestad de investigación.

36. b) Desahucio administrativo.

37. b) Entidades de ámbito territorial inferior al municipal.

38. d) Los vecinos.

39. a) En régimen colectivo.

40. a) En proporción directa al número de familiares.

41. c) 5 %.

42. d) Ninguna de las respuestas anteriores es correcta.

43. a) Patrimoniales.

44. d) Patrimonial.

45. d) Más de diez años.

46. c) 40 %.

47. c) Subasta.

48. b) Subjetividad en la adquisición, explotación y enajenación de estos bienes.

49. b) Su valor exceda del 25 % de estos recursos.

50. b) Mayoría absoluta del número legal de miembros.

51. c) Son indestructibles.

52. d) Todas las respuestas son correctas.

53. d) En cualquier momento.

54. a) Bienes comunales típicos y bienes comunales atípicos.

55. b) Por el Pleno de la Corporación, requiriéndose el voto favorable de la mayoría absoluta del número legal de miembros de la Corporación.

TEST N.º 8

El acto administrativo: concepto y clases. Elementos

1. El contenido eventual del acto supone:

a) Que este puede estar condicionado.
b) Que se presume en todos los actos del mismo tipo.
c) Que es connatural con el acto de que se trate.
d) Su carácter reglado.

2. Cuando algo necesariamente forma parte de un acto administrativo, hablamos de contenido:

a) Natural.
b) Legal.
c) Eventual.
d) Implícito.

3. Serán motivados, con sucinta referencia de hechos y fundamentos de Derecho:

a) Los actos que se separen del criterio seguido en actuaciones precedentes o del dictamen de órganos consultivos.
b) Los actos que limiten derechos subjetivos o intereses legítimos.
c) Los actos que resuelvan procedimientos de revisión de oficio de disposiciones o actos administrativos, recursos administrativos y procedimientos de arbitraje y los que declaren su inadmisión.
d) Todas las respuestas son correctas.

4. Según provengan de un solo órgano administrativo o de dos o más órganos administrativos, los actos administrativos se clasifican en:

a) Actos únicos y actos múltiples.
b) Actos de trámite y actos complejos.
c) Actos simples y complejos.
d) Actos básicos y actos complejos.

5. Las cláusulas accesorias de un acto administrativo forman parte del contenido:

a) Natural del acto.
b) Implícito del mismo.
c) Legal del acto.
d) Eventual del acto.

6. Un acto complejo es aquel:

a) En el que intervienen, sucesivamente, en virtud de la tutela administrativa, dos órganos administrativos.
b) Que se adopta por un órgano colegiado.
c) En cuyo proceso de elaboración se ha evacuado el dictamen de un órgano consultivo.
d) En cuya emisión de voluntad han de intervenir, como mínimo, dos órganos administrativos.

7. Según dispone el art. 41 LPACAP, las notificaciones se practicarán preferentemente:

a) Por la vía postal.
b) Telefónicamente.
c) Por medios electrónicos.
d) Por el medio más rápido y económico para la Administración.

8. El procedimiento, que es la vía a través de la cual se elabora la declaración de voluntad, deseo, conocimiento o juicio de la Administración, en que consiste el acto, es un elemento del acto administrativo de tipo:

a) Objetivo.
b) Subjetivo.
c) Formal.
d) Accidental.

9. Serán motivados, con sucinta referencia de hechos y fundamentos de derecho:

a) Los actos que se separen del criterio seguido en actuaciones precedentes o del dictamen de órganos consultivos.
b) Los actos que limiten derechos subjetivos o intereses legítimos
c) Los actos que resuelvan procedimientos de revisión de oficio de disposiciones o actos administrativos, recursos administrativos y procedimientos de arbitraje y los que declaren su inadmisión.
d) Todas las respuestas son correctas.

10. El acto administrativo está sujeto al principio de legalidad:

a) Siempre.
b) Cuando se trate de actos reglados.
c) Según los casos.
d) No necesariamente.

11. Cuando la Administración Pública actúa como persona de Derecho Privado:

a) Solo puede ser controlada por los Tribunales contencioso-administrativos.
b) No dicta actos administrativos.
c) Su actividad es puramente discrecional.
d) Puede actuar sin límite alguno, como cualquier particular.

12. El interés público convierte a los actos administrativos en:

a) Susceptibles de impugnación directa.
b) Reglados, en parte.
c) Discrecionales.
d) Nada de lo anterior.

13. Un acto general debe:

a) Publicarse.
b) Notificarse a los interesados.
c) Tener un contenido normativo.
d) Elaborarse por un órgano colegiado.

14. El acto que da fin a un expediente administrativo es un/una:

a) Propuesta.
b) Acto definitivo.
c) Informe con propuesta de resolución.
d) Acto trámite.

15. Un ejemplo de acto de trámite es un/una:

a) Decisión con que concluye el procedimiento.
b) Renuncia.
c) Informe emitido en un procedimiento.
d) Ninguno de ellos lo es.

16. Las competencias administrativas hacen referencia a/al/a las:

a) Ente administrativo de que se trate.
b) Atribuciones que por ley se conceden a una Administración Pública.
c) Atribuciones que se otorgan a un órgano administrativo.
d) Nada de lo anterior.

17. El contenido de un acto administrativo ha de ser:

a) Ilícito y determinado.
b) Posible y lícito.

c) Determinado o determinable e ilícito.
d) Imposible y lícito.

18. Las cláusulas accesorias de un acto administrativo forman parte del contenido:

a) Natural del acto.
b) Implícito del mismo.
c) Legal del acto.
d) Eventual del acto.

19. Los actos deben motivarse:

a) Siempre.
b) Nunca.
c) Cuando decidan un procedimiento.
d) Cuando la ley lo prescriba.

20. No tienen por qué motivarse los actos que:

a) Resuelvan recursos.
b) Limiten derechos subjetivos.
c) Se separen del dictamen de órganos consultivos.
d) Todos los anteriores deben motivarse.

21. Cuando el Delegado Provincial de una Consejería de una Comunidad Autónoma de una Provincia concreta resuelve un recurso administrativo en materia propia de la Delegación Provincial de otra Consejería de distinta Provincia, incurre en una incompetencia:

a) Funcional y jerárquica.
b) Territorial y jerárquica.
c) Funcional y territorial.
d) Territorial exclusivamente.

22. La incompetencia a que se refiere la pregunta anterior es de carácter:

a) Absoluto y relativo.
b) Absoluto.
c) Relativo.
d) Jerárquico.

23. El procedimiento, que es la vía a través de la cual se elabora la declaración de voluntad, deseo, conocimiento o juicio de la Administración, en que consiste el acto, es un elemento del acto administrativo de tipo:

a) Objetivo.
b) Subjetivo.
c) Formal.
d) Accidental.

Solución al test n.º 8

1. a) Que este puede estar condicionado.

2. a) Natural.

3. d) Todas las respuestas son correctas.

4. c) Actos simples y complejos.

5. d) Eventual del acto.

6. d) En cuya emisión de voluntad han de intervenir, como mínimo, dos órganos administrativos.

7. c) Por medios electrónicos.

8. c) Formal.

9. d) Todas las respuestas son correctas.

10. a) Siempre.

11. b) No dicta actos administrativos.

12. b) Reglados, en parte.

13. a) Publicarse.

14. b) Acto definitivo.

15. c) Informe emitido en un procedimiento.

16. c) Atribuciones que se otorgan a un órgano administrativo.

17. b) Posible y lícito.

18. d) Eventual del acto.

19. d) Cuando la ley lo prescriba.

20. d) Todos los anteriores deben motivarse.

21. c) Funcional y territorial.

22. b) Absoluto.

23. c) Formal.

TEST N.º 9

**Eficacia de los actos administrativos.
Notificación y publicación. Nulidad y anulabilidad**

1. Las resoluciones administrativas que vulneren lo establecido en una disposición reglamentaria:

a) Se aplican solo si el órgano lo justifica.
b) Se aplican en todo caso.
c) Son nulas.
d) Son anulables.

2. Por medio de la misma se presumen válidos todos los actos administrativos, que gozan de fuerza ejecutiva por lo que producen efectos desde que son dictados:

a) Autotutela declarativa.
b) Autotutela ejecutiva.
c) Ejecutoriedad.
d) Justicia.

3. En términos generales, los actos de las Administraciones Públicas sujetos al Derecho Administrativo se presumirán válidos y producirán efectos:

a) Desde la fecha en que se dicten.
b) Desde la fecha en que se publiquen.
c) Desde la fecha en que se notifiquen.
d) Desde la fecha en que los conozca el interesado.

4. Los actos administrativos:

a) Nunca tendrán eficacia retroactiva.
b) Siempre tendrán eficacia retroactiva.
c) Excepcionalmente, podrá otorgarse eficacia retroactiva a los actos cuando se dicten en sustitución de actos anulados, así como cuando produzcan efectos favorables al interesado, siempre que los supuestos de hecho necesarios existieran ya en la fecha a que se retrotraiga la eficacia del acto y esta no lesione derechos o intereses legítimos de otras personas.
d) Excepcionalmente, podrá otorgarse eficacia retroactiva cuando lo decida el órgano que lo dicta.

5. En los litigios entre Administraciones públicas:

a) Cabrá interponer recurso en vía administrativa
b) No cabrá interponer recurso en vía administrativa.
c) De forma excepcional, cabrá interponer recurso en vía administrativa.
d) No cabrá interponer recurso en vía judicial.

6. Antes de la interposición de un recurso contencioso administrativo, la Administración podrá requerir a la otra. El requerimiento deberá dirigirse al órgano competente mediante escrito razonado que concretará la disposición, acto, actuación o inactividad, y deberá producirse en el plazo de:

a) Un mes contado desde la publicación de la norma o desde que la Administración requirente hubiera conocido o podido conocer el acto, actuación o inactividad.
b) Dos meses contados desde la publicación de la norma o desde que la Administración requirente hubiera conocido o podido conocer el acto, actuación o inactividad.
c) Tres meses contados desde la publicación de la norma o desde que la Administración requirente hubiera conocido o podido conocer el acto, actuación o inactividad.
d) Cuatro meses contados desde la publicación de la norma o desde que la Administración requirente hubiera conocido o podido conocer el acto, actuación o inactividad.

7. La eficacia del acto:

a) No puede cesar.
b) Puede cesar temporalmente.
c) Puede cesar definitivamente.
d) Son correctas las respuestas b) y c).

8. Es causa de cese definitivo de la eficacia del acto:

a) El total cumplimiento del propio acto.
b) El transcurso del plazo en él mismo señalado, si estaba limitado en el tiempo.
c) El cumplimiento de la condición resolutoria a que pudiera estar sujeto.
d) Todas las respuestas anteriores son correctas.

9. Toda notificación del acto administrativo deberá ser cursada dentro del plazo de:

a) Cinco días a partir de la fecha en que el acto haya sido dictado, y deberá contener el texto íntegro de la resolución, con indicación de si pone fin o no a la vía administrativa, la expresión de los recursos que procedan, en su caso, en vía administrativa y judicial, el órgano ante el que hubieran de presentarse y el plazo para interponerlos, sin perjuicio de que los interesados puedan ejercitar, en su caso, cualquier otro que estimen procedente.
b) Siete días a partir de la fecha en que el acto haya sido dictado, y deberá contener el texto íntegro de la resolución, con indicación de si pone fin o no a la vía administrativa, la expresión de los recursos que procedan, en su caso, en vía administrativa y judicial, el órgano ante el que hubieran de presentarse y el plazo para interponerlos, sin perjuicio de que los interesados puedan ejercitar, en su caso, cualquier otro que estimen procedente.

c) Diez días a partir de la fecha en que el acto haya sido dictado, y deberá contener el texto íntegro de la resolución, con indicación de si pone fin o no a la vía administrativa, la expresión de los recursos que procedan, en su caso, en vía administrativa y judicial, el órgano ante el que hubieran de presentarse y el plazo para interponerlos, sin perjuicio de que los interesados puedan ejercitar, en su caso, cualquier otro que estimen procedente.

d) Quince días a partir de la fecha en que el acto haya sido dictado, y deberá contener el texto íntegro de la resolución, con indicación de si pone fin o no a la vía administrativa, la expresión de los recursos que procedan, en su caso, en vía administrativa y judicial, el órgano ante el que hubieran de presentarse y el plazo para interponerlos, sin perjuicio de que los interesados puedan ejercitar, en su caso, cualquier otro que estimen procedente.

10. En los procedimientos iniciados a solicitud del interesado, la notificación se practicará:

a) Por medio electrónico.
b) Por el medio señalado al efecto por aquel.
c) Por medio de documento físico.
d) Como determine la Administración.

11. Cuando los interesados en un procedimiento sean desconocidos, se ignore el lugar de la notificación o bien, intentada esta, no se hubiese podido practicar, la notificación:

a) No se realizará.
b) Se hará por medio de un anuncio publicado en el «Boletín Oficial del Estado».
c) Se hará a través del juez.
d) No será necesaria.

12. En todo caso, los actos administrativos serán objeto de publicación, surtiendo esta los efectos de la notificación:

a) Cuando el acto tenga por destinatario a una pluralidad indeterminada de personas o cuando la Administración estime que la notificación efectuada a un solo interesado es insuficiente para garantizar la notificación a todos, siendo, en este último caso, adicional a la individualmente realizada.
b) Cuando se trate de actos integrantes de un procedimiento selectivo o de concurrencia competitiva de cualquier tipo.
c) Son correctas las respuestas a) y b)
d) Todas las respuestas anteriores son incorrectas.

13. Si el órgano competente apreciase que la notificación por medio de anuncios o la publicación de un acto lesiona derechos o intereses legítimos:

a) Se debe realizar igualmente.
b) No se realizará.

c) Se limitará a publicar en el Diario oficial que corresponda una somera indicación del contenido del acto y del lugar donde los interesados podrán comparecer, en el plazo que se establezca, para conocimiento del contenido íntegro del mencionado acto y constancia de tal conocimiento.

d) Se hará a solicitud de uno de los interesados.

14. Si el órgano competente apreciase que la notificación por medio de anuncios:

a) Adicionalmente y de manera facultativa, las Administraciones podrán establecer otras formas de notificación complementarias a través de los restantes medios de difusión que no excluirán la obligación de publicar en el correspondiente Diario oficial.

b) Las Administraciones podrán establecer otras formas de notificación complementarias a través de los restantes medios de difusión que excluirán la obligación de publicar en el correspondiente Diario oficial.

c) Adicionalmente y de manera obligatoria, las Administraciones establecerán otras formas de notificación complementarias a través de los restantes medios de difusión que no excluirán la obligación de publicar en el correspondiente Diario oficial.

d) Adicionalmente y de manera obligatoria, las Administraciones establecerán otras formas de notificación complementarias a través de los restantes medios de difusión que no excluirán la obligación de publicar en el correspondiente Diario oficial.

15. En ningún caso se efectuará por medios electrónicos la siguiente notificación:

a) Aquellas en las que el acto a notificar vaya acompañado de elementos que no sean susceptibles de conversión en formato electrónico.

b) Las que contengan medios de pago a favor de los obligados, tales como cheques.

c) Son correctas las respuestas a) y b).

d) Todas las respuestas anteriores son incorrectas.

16. La regla general cuando un acto infringe el ordenamiento jurídico es:

a) Su anulabilidad.

b) Su validez temporal.

c) Su nulidad relativa.

d) Las respuestas a) y c) son correctas.

17. Las resoluciones administrativas que vulneren lo establecido en una disposición reglamentaria son:

a) Nulas.

b) Válidas.

c) Anulables.

d) Temporalmente válidas.

18. Los efectos de una declaración de nulidad absoluta se producen desde:

a) Que se notifica el acto anulatorio.
b) El momento de la declaración de la nulidad.
c) La notificación o publicación del acto anulatorio, según los casos.
d) Que se dictó el acto anulado.

19. ¿Cuándo podrá la Administración Pública convalidar un acto administrativo?

a) Cuando el vicio consiste en incompetencia jerárquica.
b) Cuando el vicio consiste en incompetencia funcional.
c) Cuando el vicio consiste en incompetencia territorial.
d) En ninguno de los anteriores casos.

20. Los supuestos de nulidad absoluta de actos administrativos:

a) Son la regla general en nuestro Derecho.
b) Son los recogidos en el artículo 47 de la Ley 39/2015, de 1 de octubre, del Procedimiento Administrativo Común de las Administraciones Públicas, exclusivamente.
c) Pueden establecerse expresamente por una disposición con rango de ley.
d) Son solo los del artículo 47 citado y de otras leyes formales.

21. Los defectos formales en un acto, según reconoce expresamente la ley:

a) Lo vician con nulidad absoluta.
b) Lo vician con anulabilidad en todo caso.
c) Pueden dar lugar a la nulidad absoluta si producen indefensión.
d) Pueden dar lugar a la anulabilidad si producen indefensión.

22. La Administración Pública podrá convalidar un acto:

a) Si el vicio consiste en incompetencia jerárquica.
b) Si el vicio consiste en incompetencia funcional.
c) Si el vicio consiste en incompetencia territorial.
d) En ninguno de los anteriores casos.

23. La Administración Pública no podrá convalidar un acto si el vicio consiste en:

a) Incompetencia jerárquica.
b) La falta de una autorización.
c) Incompetencia funcional.
d) La omisión de un informe facultativo.

24. Cuando el acto administrativo presenta un vicio que no le hace incurrir en nulidad absoluta ni en anulabilidad, se considera:

a) Irregular.
b) Defectuoso.

c) Inválido.
d) Viciado.

25. La nulidad o anulabilidad en parte del acto administrativo:

a) Implicará la de las partes del mismo independientes de aquella.

b) Implicará la de las partes del mismo independientes de aquella, salvo cuando la administración proceda a la convalidación del acto.

c) No implicará necesariamente la de las partes del mismo independientes de aquella.

d) No implicará la de los sucesivos en el procedimiento que sean independientes del primero.

Solución al test n.º 9

1. c) Son nulas.

2. a) Autotutela declarativa.

3. a) Desde la fecha en que se dicten.

4. c) Excepcionalmente, podrá otorgarse eficacia retroactiva a los actos cuando se dicten en sustitución de actos anulados, así como cuando produzcan efectos favorables al interesado, siempre que los supuestos de hecho necesarios existieran ya en la fecha a que se retrotraiga la eficacia del acto y esta no lesione derechos o intereses legítimos de otras personas.

5. b) No cabrá interponer recurso en vía administrativa.

6. b) Dos meses contados desde la publicación de la norma o desde que la Administración requirente hubiera conocido o podido conocer el acto, actuación o inactividad.

7. d) Son correctas las respuestas b) y c).

8. d) Todas las respuestas anteriores son correctas.

9. c) Diez días a partir de la fecha en que el acto haya sido dictado, y deberá contener el texto íntegro de la resolución, con indicación de si pone fin o no a la vía administrativa, la expresión de los recursos que procedan, en su caso, en vía administrativa y judicial, el órgano ante el que hubieran de presentarse y el plazo para interponerlos, sin perjuicio de que los interesados puedan ejercitar, en su caso, cualquier otro que estimen procedente.

10. b) Por el medio señalado al efecto por aquel.

11. b) Se hará por medio de un anuncio publicado en el «Boletín Oficial del Estado».

12. c) Son correctas las respuestas a) y b)

13. c) Se limitará a publicar en el Diario oficial que corresponda una somera indicación del contenido del acto y del lugar donde los interesados podrán comparecer, en el plazo que se establezca, para conocimiento del contenido íntegro del mencionado acto y constancia de tal conocimiento.

14. a) Adicionalmente y de manera facultativa, las Administraciones podrán establecer otras formas de notificación complementarias a través de los restantes medios de difusión que no excluirán la obligación de publicar en el correspondiente Diario oficial.

15. c) Son correctas las respuestas a) y b).

16. d) Las respuestas a) y c) son correctas.

17. a) Nulas.

18. d) Que se dictó el acto anulado.

19. a) Cuando el vicio consiste en incompetencia jerárquica.

20. c) Pueden establecerse expresamente por una disposición con rango de ley.

21. d) Pueden dar lugar a la anulabilidad si producen indefensión.

22. a) Si el vicio consiste en incompetencia jerárquica.

23. c) Incompetencia funcional.

24. a) Irregular.

25. c) No implicará necesariamente la de las partes del mismo independientes de aquella.

TEST N.º 10

Finalización del procedimiento administrativo: el deber de resolver. El silencio administrativo

1. A tenor del art. 84 de la Ley 39/2015, de 1 de octubre, del Procedimiento Administrativo Común de las Administraciones Públicas, pondrán fin al procedimiento la resolución:

a) El desistimiento.
b) La renuncia al derecho en que se funde la solicitud.
c) La declaración de caducidad.
d) Todas las respuestas son correctas.

2. ¿Cuál es la forma especial de terminación del procedimiento administrativo?

a) La resolución.
b) La declaración de caducidad.
c) La terminación convencional.
d) El desistimiento.

3. El acuerdo de realización de actuaciones complementarias se notificará a los interesados, concediéndoseles un plazo para formular las alegaciones que tengan por pertinentes tras la finalización de las mismas, de:

a) Siete días.
b) Diez días.
c) Quince días.
d) Un mes.

4. En los procedimientos iniciados a solicitud del interesado, cuando se produzca su paralización por causa imputable al mismo, la Administración le advertirá de que se producirá la caducidad del procedimiento, transcurrido:

a) Quince días.
b) Veinte días.

c) Un mes.
d) Tres meses.

5. Señala la respuesta incorrecta respecto a la caducidad:

a) La caducidad no producirá por sí sola la prescripción de las acciones del particular o de la Administración, pero los procedimientos caducados interrumpirán el plazo de prescripción.

b) No podrá acordarse la caducidad por la simple inactividad del interesado en la cumplimentación de trámites, siempre que no sean indispensables para dictar resolución.

c) Podrá no ser aplicable la caducidad en el supuesto de que la cuestión suscitada afecte al interés general, o fuera conveniente sustanciarla para su definición y esclarecimiento.

d) En los casos en los que sea posible la iniciación de un nuevo procedimiento por no haberse producido la prescripción, podrán incorporarse a éste los actos y trámites cuyo contenido se hubiera mantenido igual de no haberse producido la caducidad.

6. Indica cuál de las siguientes no es una de las formas anormales de terminación del procedimiento administrativo:

a) La declaración de caducidad.
b) El desistimiento.
c) La renuncia al derecho en que se funde la solicitud.
d) La resolución.

7. Las actuaciones complementarias deberán practicarse en un plazo no superior a:

a) Diez días.
b) Quince días.
c) Veinte días.
d) Un mes.

8. Cuando la sanción tenga únicamente carácter pecuniario, el órgano competente para resolver el procedimiento aplicará reducciones sobre el importe de la sanción propuesta de, al menos:

a) El 10 %.
b) El 15 %.
c) El 20 %.
d) El 30 %.

9. ¿Cuál es la forma normal de terminación del procedimiento?

a) La terminación convencional.
b) El silencio administrativo.
c) La resolución.
d) La renuncia al derecho en que se funde la solicitud.

10. La terminación convencional es una forma de terminación del procedimiento:

a) Normal.
b) Anormal.
c) Especial.
d) Presunta.

11. Señala cuál de las siguientes es una forma de terminación anormal del procedimiento:

a) La renuncia al derecho en que se funde la solicitud.
b) La declaración de caducidad.
c) El desistimiento.
d) Todas las respuestas son correctas.

12. ¿En qué plazo deberán practicarse las actuaciones complementarias?

a) En un plazo no superior a siete días.
b) En un plazo no superior a diez días.
c) En un plazo no superior a quince días.
d) En un plazo no superior a un mes.

13. ¿Transcurrido qué plazo desde que se inició el procedimiento sin que haya recaído y se notifique resolución expresa o, en su caso, se haya formalizado el acuerdo, podrá entenderse que la resolución es contraria a la indemnización del particular?

a) Transcurrido un mes.
b) Transcurridos tres meses.
c) Transcurridos seis meses.
d) Transcurrido un año.

14. A tenor del artículo 92 LPACAP, en el ámbito de la Administración General del Estado, los procedimientos de responsabilidad patrimonial se resolverán por:

a) El Ministro respectivo.
b) El Presidente del Gobierno.
c) El Consejo de Ministros.
d) Las respuestas a) y c) son correctas.

15. Señala la respuesta incorrecta respecto al desistimiento y renuncia por los interesados:

a) Si el escrito de iniciación se hubiera formulado por dos o más interesados, el desistimiento o la renuncia afectará a todos los que la hubiesen formulado.
b) Todo interesado podrá desistir de su solicitud o, cuando ello no esté prohibido por el ordenamiento jurídico, renunciar a sus derechos.

c) Si la cuestión suscitada por la incoación del procedimiento entrañase interés general o fuera conveniente sustanciarla para su definición y esclarecimiento, la Administración podrá limitar los efectos del desistimiento o la renuncia al interesado y seguirá el procedimiento.

d) Tanto el desistimiento como la renuncia podrán hacerse por cualquier medio que permita su constancia, siempre que incorpore las firmas que correspondan de acuerdo con lo previsto en la normativa aplicable.

16. La Administración aceptará de plano el desistimiento o la renuncia, y declarará concluso el procedimiento salvo que, habiéndose personado en el mismo terceros interesados, instasen estos su continuación en el plazo de:

a) Un mes desde que fueron notificados del desistimiento o renuncia.
b) Veinte días desde que fueron notificados del desistimiento o renuncia.
c) Quince días desde que fueron notificados del desistimiento o renuncia.
d) Diez días desde que fueron notificados del desistimiento o renuncia.

17. En los procedimientos iniciados a solicitud del interesado, cuando se produzca su paralización por causa imputable al mismo, la Administración le advertirá que se producirá la caducidad del procedimiento, transcurrido:

a) Un mes.
b) Tres meses.
c) Seis meses.
d) Un año.

18. ¿Cuál de las siguientes es una forma presunta de finalizar el procedimiento administrativo?

a) La imposibilidad material de continuarlo por causas sobrevenidas.
b) El desistimiento.
c) El silencio administrativo.
d) Todas las respuestas son correctas.

19. El órgano instructor resolverá la finalización del procedimiento, con archivo de las actuaciones, sin que sea necesaria la formulación de la propuesta de resolución, cuando en la instrucción procedimiento se ponga de manifiesto que concurre la siguiente circunstancia:

a) Cuando los hechos no resulten acreditados.
b) Cuando no exista o no se haya podido identificar a la persona o personas responsables o bien aparezcan exentos de responsabilidad.
c) Cuando se concluyera, en cualquier momento, que ha prescrito la infracción.
d) Todas las respuestas son correctas.

20. Señale la respuesta incorrecta. La Administración está obligada a dictar resolución expresa en todos los procedimientos y a notificarla cualquiera que sea su forma de iniciación. En los casos de prescripción, renuncia del derecho, caducidad del procedimiento o desistimiento de la solicitud, así como la desaparición sobrevenida del objeto del procedimiento, la resolución consistirá, conforme al artículo 21.1 de la Ley 39/2015, de 1 de octubre, de Procedimiento Administrativo Común de las Administraciones Públicas:

a) En la declaración de la circunstancia que concurra en cada caso.
b) Con indicación de los hechos producidos.
c) Con indicación de las normas aplicables.
d) Con indicación de las pruebas practicadas.

21. La Administración está obligada a dictar resolución expresa en todos los procedimientos y a notificarla cualquiera que sea su forma de iniciación. Se exceptúan de esta obligación, de acuerdo con el artículo 21.1 de la Ley 39/2015, de 1 de octubre, de Procedimiento Administrativo Común de las Administraciones Públicas:

a) Los supuestos de terminación del procedimiento por pacto o convenio.
b) Los procedimientos relativos al ejercicio de derechos sometidos únicamente al deber de declaración responsable o comunicación a la Administración.
c) Los procedimientos sancionadores.
d) Las respuestas a) y b) son correctas.

22. Señala la opción incorrecta conforme al artículo 21.2 de la Ley 39/2015, de 1 de octubre, de Procedimiento Administrativo Común de las Administraciones Públicas. El plazo máximo en el que debe notificarse la resolución expresa será:

a) El fijado por la norma reguladora del correspondiente procedimiento.
b) No podrá exceder de seis meses salvo que una norma con rango de ley establezca uno mayor.
c) No podrá exceder de seis meses salvo que venga previsto en la normativa comunitaria europea.
d) Será de tres meses.

23. De acuerdo con el artículo 21.3.a) de la Ley 39/2015, de 1 de octubre, de Procedimiento Administrativo Común de las Administraciones Públicas, el plazo máximo en el que debe notificarse la resolución expresa se contarán en los procedimientos iniciados de oficio:

a) Desde la fecha del acuerdo de iniciación.
b) Desde la fecha en que la solicitud haya tenido entrada en el registro del órgano competente para su tramitación.
c) Desde la fecha en que la solicitud haya tenido entrada en el registro del órgano receptor de la solicitud.
d) Desde la fecha de notificación del acuerdo de iniciación.

24. El plazo máximo en el que debe notificarse la resolución expresa se contarán en los procedimientos a solicitud del interesado:

a) Desde la fecha del acuerdo de iniciación.

b) Desde la fecha en que la solicitud haya tenido entrada en el registro del órgano competente para su tramitación o desde la fecha en que la solicitud haya tenido entrada en el registro electrónico de la Administración u Organismo competente para su tramitación.

c) Desde la fecha en que la solicitud haya tenido entrada en el registro del órgano receptor de la solicitud.

d) Desde la fecha de notificación del acuerdo de iniciación.

Solución al test n.º 10

1. d) Todas las respuestas son correctas.

2. c) La terminación convencional.

3. a) Siete días.

4. d) Tres meses.

5. a) La caducidad no producirá por sí sola la prescripción de las acciones del particular o de la Administración, pero los procedimientos caducados interrumpirán el plazo de prescripción.

6. d) La resolución.

7. b) Quince días.

8. c) El 20 %.

9. c) La resolución.

10. c) Especial.

11. d) Todas las respuestas son correctas.

12. c) En un plazo no superior a quince días.

13. c) Transcurridos seis meses.

14. d) Las respuestas a) y c) son correctas.

15. a) Si el escrito de iniciación se hubiera formulado por dos o más interesados, el desistimiento o la renuncia afectará a todos los que la hubiesen formulado.

16. d) Diez días desde que fueron notificados del desistimiento o renuncia.

17. b) Tres meses.

18. c) El silencio administrativo.

19. d) Todas las respuestas son correctas.

20. d) Con indicación de las pruebas practicadas.

21. d) Las respuestas a) y b) son correctas.

22. d) Será de tres meses.

23. a) Desde la fecha del acuerdo de iniciación.

24. b) Desde la fecha en que la solicitud haya tenido entrada en el registro del órgano competente para su tramitación o desde la fecha en que la solicitud haya tenido entrada en el registro electrónico de la Administración u Organismo competente para su tramitación.

TEST N.º 11

Derecho y deber de relacionarse electrónicamente con las Administraciones Públicas. Registros. Archivo de documentos. Registros electrónicos de apoderamientos

1. Señala la respuesta incorrecta:

a) Estarán obligados a relacionarse a través de medios electrónicos con las Administraciones Públicas para la realización de cualquier trámite de un procedimiento administrativo los notarios y registradores de la propiedad y mercantiles.

b) En los procedimientos tramitados por las Administraciones de las Comunidades Autónomas y de las Entidades Locales, el uso de la lengua se ajustará a lo previsto en la legislación nacional.

c) Cada Administración dispondrá de un Registro Electrónico General, en el que se hará el correspondiente asiento de todo documento que sea presentado o que se reciba en cualquier órgano administrativo, organismo público o entidad vinculado o dependiente a estos.

d) Las personas físicas podrán elegir en todo momento si se comunican con las Administraciones Públicas para el ejercicio de sus derechos y obligaciones a través de medios electrónicos o no, salvo que estén obligadas a relacionarse a través de medios electrónicos con las Administraciones Públicas.

2. Según la Ley 39/2015, de 1 de octubre, en todo caso, estarán obligados a relacionarse a través de medios electrónicos con las Administraciones Públicas para la realización de cualquier trámite de un procedimiento administrativo:

a) Aquellos colectivos de personas físicas que por razón de su capacidad económica, técnica, dedicación profesional u otros motivos quede acreditado que tienen acceso y disponibilidad de los medios electrónicos necesarios.

b) Quienes representen a un interesado.

c) Las entidades sin personalidad jurídica.

d) Las personas físicas.

3. ¿Qué artículo de la Ley 39/2015, de 1 de octubre, del Procedimiento Administrativo Común de las Administraciones Públicas regula el derecho y obligación de relacionarse electrónicamente con las Administraciones públicas?

a) El artículo 12.
b) El artículo 13.
c) El artículo 14.
d) El artículo 15.

4. En todo caso, NO estarán obligados a relacionarse a través de medios electrónicos con las Administraciones Públicas para la realización de cualquier trámite de un procedimiento administrativo, al menos, los siguientes sujetos:

a) Las personas jurídicas.
b) Las entidades sin personalidad jurídica.
c) Quienes ejerzan una actividad profesional para la que se requiera colegiación obligatoria, para los trámites y actuaciones que realicen con las Administraciones Públicas en ejercicio de dicha actividad profesional. En todo caso, dentro de este colectivo se entenderán incluidos los notarios y registradores de la propiedad y mercantiles.
d) Los empleados de las Administraciones Públicas.

5. Las Administraciones podrán establecer reglamentariamente la obligación de relacionarse con ellas a través de medios electrónicos para determinados procedimientos, conforme al artículo 14 de la Ley 39/2015, de 1 de octubre, de Procedimiento Administrativo Común de las Administraciones Públicas:

a) Las personas jurídicas.
b) Las entidades sin personalidad jurídica.
c) Para ciertos colectivos de personas físicas que por razón de su capacidad económica, técnica, dedicación profesional u otros motivos quede acreditado que tienen acceso y disponibilidad de los medios electrónicos necesarios.
d) Quienes ejerzan una actividad profesional para la que se requiera colegiación obligatoria, para los trámites y actuaciones que realicen con las Administraciones Públicas en ejercicio de dicha actividad profesional.

6. ¿Quiénes de los siguientes sujetos estarán obligados, en todo caso, a relacionarse a través de medios electrónicos con las Administraciones públicas para la realización de cualquier trámite de un procedimiento administrativo?

a) Las entidades sin personalidad jurídica.
b) Quienes representen a un interesado que esté obligado a relacionarse electrónicamente con la Administración.
c) Las personas jurídicas.
d) Todos los anteriores.

7. ¿Quiénes de los siguientes están obligados a relacionarse a través de medios electrónicos con las Administraciones públicas para la realización de cualquier trámite de un procedimiento administrativo?

a) Las entidades sin personalidad jurídica.

b) Los empleados de las Administraciones públicas para los trámites y actuaciones que realicen con ellas por razón de su condición de empleado público.

c) Las personas jurídicas.

d) Todas las respuestas son correctas.

8. Señala la respuesta incorrecta respecto al derecho y obligación de relacionarse electrónicamente con las Administraciones públicas:

a) En todo caso, estarán obligados a relacionarse a través de medios electrónicos con las Administraciones públicas para la realización de cualquier trámite de un procedimiento administrativo las personas jurídicas.

b) Una vez elegido el medio por la persona para comunicarse con las Administraciones públicas no podrá ser modificado.

c) Reglamentariamente, las Administraciones podrán establecer la obligación de relacionarse con ellas a través de medios electrónicos para determinados procedimientos y para ciertos colectivos de personas físicas que por razón de su capacidad económica, técnica, dedicación profesional u otros motivos quede acreditado que tienen acceso y disponibilidad de los medios electrónicos necesarios.

d) Las entidades sin personalidad jurídica estarán obligados a relacionarse a través de medios electrónicos con las Administraciones públicas para la realización de cualquier trámite de un procedimiento administrativo.

9. Señala la respuesta incorrecta. Estarán obligados a relacionarse a través de medios electrónicos con las Administraciones públicas para la realización de cualquier trámite, según la Ley 39/2015:

a) Quienes representen a un interesado que esté obligado a relacionarse electrónicamente con la Administración.

b) Las entidades sin personalidad jurídica.

c) Los notarios y registradores de la propiedad y mercantiles.

d) Las personas físicas.

10. Un Organismo, ¿puede disponer de su propio registro electrónico de apoderamientos?

a) No, únicamente la Administración General del Estado y las Comunidades Autónomas podrán disponer de un registro electrónico general de apoderamientos.

b) No, únicamente la Administración General del Estado, las Comunidades Autónomas y las Entidades Locales podrán disponer de un registro electrónico general de apoderamientos.

c) Sí, en ellos se inscribirán los poderes otorgados para la realización de trámites específicos en el mismo.

d) No, únicamente se creará el Registro Electrónico de Apoderamientos de la Administración General del Estado del que formarán parte todos los Organismos.

11. Los registros electrónicos generales y particulares de apoderamientos pertenecientes a todas y cada una de las Administraciones, deberán ser plenamente interoperables entre sí, de modo que se garantice su interconexión, compatibilidad informática, así como la transmisión telemática de las solicitudes, escritos y comunicaciones que se incorporen a los mismos. ¿Cuál de los siguientes enunciados NO se refiere a la interoperabilidad?

a) La interacción entre elementos que corresponden a diversas oleadas tecnológicas.

b) La información intercambiada puede ser interpretable de forma automática y reutilizable por aplicaciones que no intervinieron en su creación.

c) La capacidad de las entidades y de los procesos a través de los cuales llevan a cabo sus actividades para colaborar con el objeto de alcanzar logros mutuamente acordados relativos a los servicios que prestan.

d) El proceso tecnológico que permite convertir un documento en soporte papel o en otro soporte no electrónico en uno o varios ficheros electrónicos que contienen la imagen codificada, fiel e íntegra del documento.

12. Los poderes que se inscriban en los registros electrónicos generales y particulares de apoderamientos deberán corresponder a determinadas tipologías (señala cuál de las siguientes es correcta):

a) Un poder para que el poderdante pueda actuar en nombre del apoderado en cualquier actuación administrativa ante una Administración u Organismo concreto.

b) Un poder para que el poderdante pueda actuar en nombre del apoderado únicamente para la realización de determinados trámites especificados en el poder.

c) Un poder para que el poderdante pueda actuar en nombre del apoderado en cualquier actuación administrativa y ante cualquier Administración.

d) Ninguna de las respuestas anteriores es correcta.

13. Señala la respuesta correcta:

a) Los poderes inscritos en el registro tendrán una validez determinada máxima de cuatro años a contar desde la fecha de inscripción.

b) En cualquier momento antes de la finalización del plazo establecido en la alternativa de respuesta a), el poderdante podrá revocar o prorrogar el poder.

c) Las prórrogas otorgadas por el poderdante al registro tendrán una validez determinada máxima de cuatro años desde la fecha de inscripción.

d) El apoderamiento *apud acta* se otorgará mediante comparecencia electrónica en la correspondiente sede electrónica haciendo uso de los sistemas de firma electrónica previstos en la Ley 39/2015, de 1 de octubre, o bien mediante comparecencia personal en las oficinas de asistencia en materia de registros.

14. Las administraciones dispondrán de un registro de apoderamientos denominado:

a) Registro Electrónico de Apoderamientos de la Administración General del Estado.
b) Registro temático de apoderamientos de la Administración General del Estado.
c) Registro telemático de apoderamientos.
d) Ninguna es correcta.

15. ¿Puede un organismo disponer de su propio registro electrónico de apoderamientos?

a) Sí, tal y como se establece en el artículo 6 de la ley.
b) En ningún caso.
c) Solamente con autorización previa.
d) Solo en organismos autónomos.

16. Los registros electrónicos generales y particulares de apoderamientos interoperarán con:

a) Los registros mercantiles.
b) Los registros de la propiedad.
c) Los protocolos notariales.
d) Todas son correctas.

Solución al test n.º 11

1. b) En los procedimientos tramitados por las Administraciones de las Comunidades Autónomas y de las Entidades Locales, el uso de la lengua se ajustará a lo previsto en la legislación nacional.

2. c) Las entidades sin personalidad jurídica.

3. c) El artículo 14.

4. d) Los empleados de las Administraciones Públicas.

5. c) Para ciertos colectivos de personas físicas que por razón de su capacidad económica, técnica, dedicación profesional u otros motivos quede acreditado que tienen acceso y disponibilidad de los medios electrónicos necesarios.

6. d) Todos los anteriores.

7. d) Todas las respuestas son correctas.

8. b) Una vez elegido el medio por la persona para comunicarse con las Administraciones públicas no podrá ser modificado.

9. d) Las personas físicas.

10. c) Sí, en ellos se inscribirán los poderes otorgados para la realización de trámites específicos en el mismo.

11. d) El proceso tecnológico que permite convertir un documento en soporte papel o en otro soporte no electrónico en uno o varios ficheros electrónicos que contienen la imagen codificada, fiel e íntegra del documento.

12. d) Ninguna de las respuestas anteriores es correcta.

13. d) El apoderamiento *apud acta* se otorgará mediante comparecencia electrónica en la correspondiente sede electrónica haciendo uso de los sistemas de firma electrónica previstos en la Ley 39/2015, de 1 de octubre, o bien mediante comparecencia personal en las oficinas de asistencia en materia de registros.

14. a) Registro Electrónico de Apoderamientos de la Administración General del Estado.

15. a) Sí, tal y como se establece en el artículo 6 de la ley.

16. d) Todas son correctas.

TEST N.º 12

Los presupuestos de las corporaciones locales: elaboración, aprobación y ejecución

1. Los Presupuestos Generales de las Entidades Locales constituyen de acuerdo con el Texto Refundido de la Ley Reguladora de las Haciendas Locales:

a) La expresión de las obligaciones que, como máximo, pueden reconocer la Entidad y sus Organismos Autónomos.

b) La expresión cifrada, conjunta y sistemática de las obligaciones que, como máximo, pueden reconocer la Entidad y sus Organismos Autónomos.

c) La expresión cifrada, general y sistemática de las obligaciones que, como máximo, pueden reconocer la Entidad y sus Organismos Autónomos.

d) La expresión contable, conjunta y sistemática de las obligaciones que, como máximo, pueden reconocer la Entidad y sus Organismos Autónomos.

2. Las Entidades Locales elaborarán y aprobarán anualmente un Presupuesto General en el que se integrarán:

a) El Presupuesto de los organismos autónomos dependientes.

b) Los estados de previsión de gastos e ingresos de las Sociedades Mercantiles cuyo capital social pertenezca íntegramente a la Entidad Local.

c) Las respuestas a) y b) son correctas.

d) El presupuesto agregado de la propia Entidad.

3. Es contenido mínimo de las Bases de Ejecución del Presupuesto deberá incluir:

a) Normas que regulen el procedimiento de ejecución del Presupuesto.

b) Regulación de las transferencias de créditos.

c) Niveles de vinculación jurídica de los créditos.

d) Todas respuestas son correctas.

4. ¿Qué norma regula la estructura de los Presupuestos de las Entidades Locales?

a) Orden EHA/3565/2006, de 3 de diciembre, por la que se aprueba la estructura de los Presupuestos de las Entidades Locales de los bienes de uso privado.

b) Orden EHA/3565/2008, de 3 de diciembre, por la que se aprueba la estructura de los Presupuestos de las Entidades Locales.

c) Orden de 20 de septiembre de 1989 por la que se establece la estructura de los presupuestos de las entidades locales.

d) Orden EHA/3565/2005, de diciembre, por la que se aprueba la estructura de los presupuestos de las entidades locales.

5. Dentro de las áreas de gasto del presupuesto, se incluye en el área de gasto 2 referente a Actuaciones de protección y promoción social:

a) Seguridad y movilidad ciudadana.

b) Pensiones.

c) Cultura.

d) Agricultura, ganadería y pesca.

6. ¿En qué área de gasto se incluye la política de gasto denominada "Infraestructuras"?

a) Actuaciones de carácter económico.

b) Actuaciones de carácter general.

c) Producción de bienes públicos de carácter preferente.

d) Deuda pública.

7. ¿En qué área de gasto se incluye la política de gasto denominada "Administración financiera y tributaria"?

a) Actuaciones de carácter general.

b) Actuaciones de carácter económico.

c) Actuaciones de protección y promoción social.

d) Producción de bienes públicos de carácter preferente.

8. ¿En qué área de gasto se incluye la política de gasto denominada "Sanidad"?

a) Producción de bienes públicos de carácter preferente.

b) Actuaciones de protección y promoción social.

c) Servicios públicos básicos.

d) Actuaciones de carácter general.

9. ¿En qué área de gasto se incluye la política de gasto denominada "Fomento del empleo"?

a) Servicios públicos básicos.

b) Actuaciones de protección y promoción social.

c) Actuaciones de carácter económico.

d) Actuaciones de carácter general.

10. En relación con la Clasificación Económica de los Gastos del Presupuesto de las Entidades Locales se distingue entre:

a) Operaciones abiertas y cerradas.

b) Operaciones limitadas y no limitadas.

c) Operaciones financieras y no financieras.

d) Operaciones a préstamo y liberadas.

11. El Fondo de Contingencia tiene como fin:

a) Atender al abono de los intereses de las operaciones de crédito.

b) Hacer frente a los gastos de contratación del personal laboral.

c) Completar aquellas aplicaciones presupuestarias que necesiten ser ampliadas.

d) Atender a las necesidades imprevistas, inaplazables y no discrecionales, para las que no exista crédito presupuestario o el previsto resulte insuficiente.

12. El Fondo de Contingencia y Otros Imprevistos se ha de incluir obligatoria-mente en los Presupuestos:

a) De los municipios con población superior a 5.000 habitantes.

b) De las capitales de provincia.

c) De los municipios con población superior a 15.000 habitantes.

d) De los municipios con población superior a 25.000 habitantes.

13. Respecto a la Clasificación Económica de los Gastos del Presupuesto de las Entidades Locales, dentro del capítulo 1: Gastos de personal, se encuentra el gasto siguiente:

a) Gastos de naturaleza social.

b) Cotizaciones obligatorias de las entidades locales y de sus organismos autónomos a los distintos regímenes de Seguridad Social.

c) Retribuciones fijas y variables.

d) Todas las respuestas son verdaderas.

14. En relación con la Clasificación Económica de los Ingresos del Presupuesto de las Entidades Locales:

a) Se distinguen las operaciones no financieras de las financieras, subdividiéndose las segundas en operaciones corrientes y de capital.

b) Se distinguen las operaciones no financieras de las financieras, subdividiéndose las primeras en operaciones corrientes y de capital.

c) Se distinguen las operaciones no financieras, operaciones corrientes y de capital.

d) Se distinguen las operaciones no financieras de las financieras y de capital.

15. En relación con la Clasificación Económica de los Ingresos del Presupuesto de las Entidades Locales no forman parte de las operaciones corrientes:

a) Impuestos directos.

b) Transferencias de capital.

c) Tasas, precios públicos y otros ingresos.

d) Ingresos patrimoniales.

16. Dentro de los Pasivos Financieros se recoge:

a) El ingreso que obtienen las entidades locales y sus organismos autónomos por la enajenación de activos financieros.
b) La financiación de las entidades locales y sus organismos autónomos procedente de la emisión de Deuda Pública.
c) Las dos respuestas anteriores son correctas.
d) Ninguna respuesta es correcta.

17. ¿Quién forma el presupuesto de la Entidad Local?

a) El Presidente de la entidad.
b) El Interventor.
c) El Secretario.
d) El Tesorero.

18. Deberán unirse al presupuesto como documentación:

a) Anexo de las inversiones a realizar en un plazo de cuatro años.
b) Anexo de personal de la Entidad Local.
c) Liquidación de los presupuestos de ejercicios anteriores.
d) Todas las respuestas son verdaderas.

19. Aprobado inicialmente el presupuesto general, se expondrá al público, previo anuncio en el boletín oficial de la provincia o, en su caso, de la comunidad autónoma uniprovincial:

a) Por quince días.
b) Por treinta días.
c) Por veinte días.
d) Por cuarenta días.

20. El presupuesto se considerará definitivamente aprobado si durante el plazo de alegaciones:

a) No se hubiesen presentado reclamaciones.
b) Se hubieran presentado reclamaciones con falta de motivación.
c) Se hubieran presentado reclamaciones infundadas.
d) Se hubieran presentado reclamaciones extemporáneas o basadas en datos irreales.

21. Únicamente podrán entablarse reclamaciones contra el Presupuesto:

a) Por ser de manifiesta insuficiencia los ingresos con relación a los gastos.
b) Por no haberse ajustado su elaboración a los trámites legalmente establecidos al efecto.
c) Por no haberse ajustado su aprobación a los trámites legalmente establecidos al efecto.
d) Todas las respuestas son válidas.

22. Si al iniciarse el ejercicio económico no hubiese entrado en vigor el presupuesto correspondiente:

a) Se iniciará de nuevo todo el procedimiento de aprobación.
b) Dará lugar a una cuestión de confianza.
c) Se considerará automáticamente prorrogado el del anterior, con sus créditos iniciales.
d) Se adoptará una moción de censura.

23. Los Créditos extraordinarios son:

a) Aquellas modificaciones del Presupuesto de Gastos en los que el crédito previsto resulta insuficiente y no puede ser objeto de ampliación.
b) Aquella modificación del Presupuesto de gastos mediante la que, sin alterar la cuantía total del mismo, se imputa el importe total o parcial de un crédito a otras partidas presupuestarias con diferente vinculación jurídica.
c) Aquellas modificaciones del Presupuesto de Gastos, mediante las que se asigna crédito para la realización de un gasto específico y determinado que no puede demorarse hasta el ejercicio siguiente y para el que no existe crédito.
d) La incorporación de remanentes de crédito de ejercicio anterior.

24. Los créditos extraordinarios y los suplementos de crédito se podrán financiar indistintamente con el siguiente recurso:

a) Con cargo al Remanente Líquido de Tesorería.
b) Mediante anulaciones o bajas de créditos.
c) Las respuestas a y b son correctas.
d) Mediante la venta de bienes patrimoniales de la entidad local.

25. La aprobación de las transferencias de crédito entre distintos grupos de función será competencia:

a) Del órgano que señale las Bases de ejecución del presupuesto.
b) Del Pleno de la Corporación, salvo cuando las bajas y las altas afecten a créditos de personal.
c) Del Presidente de la entidad.
d) Las respuestas b) y c) son correctas.

26. Las transferencias de crédito de cualquier clase estarán sujetas a las siguientes limitaciones:

a) No afectarán a los créditos ampliables.
b) No afectarán a suplementos de crédito concedidos durante el ejercicio.
c) Solo podrán incrementar créditos en un cincuenta por ciento.
d) Las respuestas a) y c) son correctas.

27. Como consecuencia de la liquidación del presupuesto no deberá determinarse:

a) Los remanentes de los presupuestos de los cinco ejercicios anteriores.
b) Los derechos pendientes de cobro y las obligaciones pendientes de pago a 31 de diciembre.
c) El resultado presupuestario del ejercicio.
d) El remanente de Tesorería.

28. A la propuesta de los expedientes de concesión de créditos extraordinarios y suplementos de créditos se habrá de acompañar:

a) Una Memoria justificativa.
b) El estado de ingresos de la entidad.
c) El estado de gastos de la entidad.
d) Las respuestas b) y c) son correctas.

29. Contra la aprobación definitiva del Presupuesto podrá:

a) Interponerse directamente recurso contencioso-administrativo.
b) Interponerse directamente recurso ante el Tribunal de Cuentas.
c) Interponerse recurso de alzada ante el Pleno.
d) Ninguna respuesta es correcta.

30. Tendrán la consideración de interesados para presentar reclamaciones ante la aprobación inicial del presupuesto:

a) Las Cámaras Oficiales.
b) Los Sindicatos.
c) Cualquier ciudadano.
d) Las respuestas a) y b) son correctas.

31. El Presupuesto, con respecto a los gastos, es un/una:

a) Previsión.
b) Límite mínimo.
c) Límite cuantitativo.
d) Cálculo aproximado.

32. Las obligaciones reconocidas y los derechos liquidados se aplicarán a los Presupuestos:

a) Por su importe íntegro.
b) En ningún supuesto.
c) Minorándose.
d) Nada de lo anterior es cierto.

33. Las reglas que deben seguirse en la ejecución del Presupuesto se contienen en la/las/los:

a) Memoria del mismo.
b) Delegaciones de gastos.
c) Bases de Ejecución.
d) Estudios Financieros.

34. A la obligación de la Entidad de destinar los créditos al fin específico que se detalle en la plasmación escrita del Presupuesto, sin poder realizar cambios o traslados de los mismos a otros fines no recogidos en el nivel de que se trate se le denomina:

a) Regulación de las transferencias de créditos.
b) Acumulación de varias fases de la ejecución del Presupuesto.
c) Niveles de vinculación jurídica de los créditos.
d) Disponibilidad presupuestaria.

35. Debe acompañarse como Anexo al Presupuesto General de una Corporación el/los:

a) Presupuestos de los Organismos Autónomos dependientes de la misma.
b) Estados de previsión de gastos e ingresos de las Sociedades Mercantiles de capital íntegro de la Entidad.
c) Estado de consolidación del Presupuesto de la propia Entidad con el de todos los Presupuestos y estados de previsión de sus Organismos Autónomos y Sociedades Mercantiles.
d) Las respuestas a) y b) son ciertas.

36. Asimismo, debe unirse como Anexo el/los:

a) Niveles de vinculación jurídica de los créditos.
b) Presupuesto de los Organismos Autónomos dependientes de la Entidad.
c) Estados de Gastos.
d) Planes y programas de inversión y financiación.

37. Las estimaciones de los distintos recursos económicos a liquidar durante el ejercicio se contienen en/en el:

a) Estado de Ingresos.
b) Estado de previsión de gastos e ingresos.
c) Estado de Gastos.
d) Ninguno de ellos.

38. Por su parte, los créditos necesarios para atender el cumplimiento de las obligaciones ordinarias se contienen en/en el:

a) Estado de Ingresos.
b) Plan de Inversión.
c) Estado de Gastos.
d) Todos los anteriores.

39. El Plan de Inversiones de una Corporación debe coordinarse con el/los:

a) Planes de Etapas del Planeamiento Urbanístico.
b) Programa Financiero o de Financiación.
c) Planes de Inversiones de la Comunidad Autónoma.
d) Las respuestas a) y b) son ciertas.

40. Y debe completarse dicho Plan con el/los:

a) Programa de Actuación del Planeamiento Urbanístico.
b) Planes de Etapas del citado Planeamiento.
c) Planes de Inversión autonómicos.
d) Programa Financiero o de Financiación.

41. Este Plan de Inversiones se formula por un plazo de:

a) Ocho años.
b) Un año, prorrogable uno más.
c) Cuatro años.
d) Dos años.

42. Y se revisa con carácter:

a) Trimestral.
b) Anual.
c) Bianual.
d) Semestral.

43. De este Plan de Inversiones se da cuenta, en un Municipio de régimen común, al/a la:

a) Junta de Gobierno Local, al comienzo de cada ejercicio.
b) Pleno coincidiendo con la aprobación del Presupuesto.
c) Alcalde, cada mes.
d) Opinión pública, al finalizar el mandato de la Corporación.

44. Y al revisarlo:

a) Se liquida el mismo con carácter definitivo.
b) Se le añade un nuevo ejercicio a sus previsiones.

c) Censura la gestión de la Corporación.
d) Nada de lo anterior es correcto.

45. Los Presupuestos que se integran en el Presupuesto General de la Corporación deberán aprobarse:

a) Separadamente de este.
b) Con déficit equilibrado.
c) Sin déficit inicial.
d) Por el Alcalde.

46. Para que, a lo largo del ejercicio económico no se presente déficit en el Presupuesto:

a) Se compensarán en el mismo momento en que se acuerden los decrementos de los créditos y los incrementos de los ingresos.
b) Dicha compensación se efectuará respecto de los decrementos de los ingresos y los incrementos de los créditos.
c) No se llevará a cabo gasto alguno que lo provoque.
d) Se incrementarán los conceptos tributarios vigentes.

47. La estructura de los Presupuestos de las Corporaciones Locales se fija por el:

a) Presidente de las mismas.
b) Ministerio de Hacienda.
c) Pleno de ellas.
d) Interventor General de Fondos respectivo.

48. ¿Quién puede aprobar Reglamentos o Normas generales que desarrollen los procedimientos de ejecución del Presupuesto?

a) El Presidente de la Entidad Local.
b) La Junta General de la Entidad Local.
c) El Pleno de la Entidad Local.
d) El Alcalde de la Entidad Local.

49. Dentro de la clasificación por programas de los gastos, el Área de Gasto 1 se refiere a la:

a) Servicios públicos básicos.
b) Actuaciones de carácter económico.
c) Actuaciones de carácter general.
d) Actuaciones de protección y promoción social.

50. Las áreas de gasto se dividen con carácter inmediato en:

a) Grupos de programas.
b) Políticas de programas.

c) Políticas de gasto.
d) Capítulos de gasto.

51. En la Clasificación Económica de los Gastos no hay Capítulo:

a) De transferencias corrientes.
b) Número diez.
c) De gastos financieros.
d) De activos financieros.

52. Según la Clasificación Económica, los gastos se clasifican, dentro de las operaciones no financieras, en:

a) De obligaciones generales y obligaciones diversas.
b) De actividades generales y económicas.
c) Por objetivos.
d) De operaciones de capital y operaciones corrientes.

53. La política de gasto de los órganos de gobierno de una Corporación Local se incluye en la siguiente área de gasto:

a) 1.
b) 4.
c) 9.
d) 0.

54. Por su parte, la Cultura se incluye en la siguiente área de gasto:

a) 1.
b) 2.
c) 3.
d) 4.

55. Las partidas presupuestarias desarrollan, dentro de la Clasificación Económica de los gastos, los/las:

a) Subfunciones.
b) Subconceptos.
c) Programas.
d) Artículos.

56. El Capítulo 1 de la Clasificación Económica de los Gastos se refiere a:

a) Gastos financieros.
b) Transferencias corrientes.
c) Gastos de Personal.
d) Gastos de servicios.

57. La adquisición de activos financieros por las Entidades Locales, se recoge en el siguiente Capítulo de la Clasificación Económica de los Gastos:

a) 8.
b) 9.
c) 7.
d) 6.

58. Por su parte, dentro de dicha Clasificación, los gastos de indemnizaciones por razón del servicio a los funcionarios se recogen en el siguiente Capítulo:

a) Gastos de Personal.
b) Gastos en bienes corrientes y de servicios.
c) Transferencias corrientes.
d) Gastos Financieros.

59. En la Clasificación Económica de los Ingresos, la financiación de las Entidades procedente de la emisión de deuda pública se recoge en el siguiente Capítulo:

a) Transferencias corrientes.
b) Ingresos patrimoniales.
c) Pasivos Financieros.
d) Transferencias de capital.

60. El Presupuesto de las Entidades Locales legalmente debe aprobarse definitivamente:

a) Antes de concluir el ejercicio económico en el que haya de aplicarse.
b) Antes de concluir el ejercicio económico anterior a aquel en que vaya a regir.
c) Cuando lo estime oportuno la Corporación.
d) En el mes de enero del ejercicio económico a que se refiera.

61. A los efectos anteriores, el Presidente de la Corporación remitirá al Pleno de la misma el proyecto de Presupuesto:

a) Antes del 15 de octubre del año anterior al en que va a regir.
b) Al finalizar el ejercicio económico anterior.
c) Cuando se lo demande el propio Pleno.
d) El primer día hábil del mes de enero del ejercicio económico al que se refiera.

62. En el supuesto de que no esté aprobado el Presupuesto antes del primer día del ejercicio económico a que se refiera:

a) No puede realizarse gasto alguno hasta que no se efectúe dicha aprobación.
b) Incurrirá en responsabilidad contable el Presidente.
c) Deberá incoarse expediente de habilitación de créditos.
d) Se prorroga automáticamente el del ejercicio anterior.

63. La formación del Proyecto de Presupuesto, en un Municipio de régimen común, es competencia del:

a) Pleno de la Corporación.
b) Presidente de la misma.
c) Interventor General de Fondos.
d) Tesorero.

64. El plazo de exposición al público de un Presupuesto, tras su aprobación inicial es de:

a) Treinta días hábiles.
b) Quince días hábiles.
c) Quince días naturales.
d) Un mes.

65. El Pleno de la Corporación tiene de plazo para resolver las reclamaciones presentadas en el período de exposición al público del Presupuesto:

a) Dos meses.
b) Un mes.
c) Treinta días.
d) Veinte días.

66. Debe insertarse el Presupuesto íntegramente en el:

a) Diario de mayor difusión de la Provincia.
b) Boletín Oficial de la Corporación, si lo tuviere.
c) Boletín Oficial de la Provincia.
d) Tablón de Edictos de la Corporación.

67. El Presupuesto entrará en vigor desde:

a) Su aprobación definitiva por el Pleno.
b) La recepción de copia del mismo por la Administración del Estado y de la Comunidad Autónoma respectiva.
c) La publicación en el diario de mayor circulación de la Provincia.
d) El ejercicio correspondiente, una vez publicado en el boletín oficial de la corporación, si lo tuviera, y, resumido por capítulos de cada uno de los presupuestos que lo integran, en el de la provincia o, en su caso, de la Comunidad Autónoma uniprovincial.

68. Contra la aprobación definitiva del Presupuesto el recurso que puede interponerse es:

a) Obligatoriamente, el de reposición como previo a la vía contencioso-administrativa.
b) Ante el Tribunal de Cuentas.

c) El contencioso-administrativo, sin necesidad de previa reposición.

d) El económico-administrativo.

69. El informe del Tribunal de Cuentas está previsto para el supuesto de que:

a) El Presupuesto se apruebe fuera del plazo señalado para ello.

b) Cuando la impugnación se refiera a la nivelación presupuestaria.

c) Se opte por prescindir del período de exposición al público.

d) Se lo pida el Presidente de la Corporación.

70. El acto mediante el cual se declara la existencia de un crédito exigible contra la Entidad derivado de un gasto autorizado y comprometido se denomina:

a) Ordenación de pago.

b) Disposición de gasto.

c) Liquidación de la obligación.

d) Autorización del gasto.

71. Cuando haya de efectuarse un gasto que no tenga crédito previsto en el Presupuesto se:

a) Hace un nuevo Presupuesto.

b) Acude a un suplemento de crédito.

c) Acude a un crédito extraordinario.

d) Utiliza un crédito no afectado.

72. ¿Cómo se denominan aquellas modificaciones del Presupuesto de Gastos en los que, siendo necesario realizar un gasto específico y determinado que no puede demorarse hasta el ejercicio siguiente, el crédito previsto resulta insuficiente y no puede ser objeto de ampliación?

a) Crédito extraordinario.

b) Suplemento de crédito.

c) Ampliación de crédito.

d) Crédito ampliable.

73. El Remanente Líquido de Tesorería, con el que financiar un crédito extraordinario o un suplemento de crédito, se integra por:

a) Mayores ingresos efectivamente recaudados que los previstos.

b) Fondos líquidos y derechos pendientes de cobro.

c) Anulaciones o bajas de créditos.

d) Operaciones especiales de crédito.

74. Se puede acudir a una operación de crédito para dotar un crédito extraordinario o un suplemento de crédito, con el fin de atender nuevos gastos por operaciones corrientes, siempre que la carga financiera de la Entidad no supere el siguiente porcentaje:

a) 25 %.
b) 10 %.
c) 5 %.
d) 50 %.

75. En este caso, la operación de crédito ha de quedar cancelada:

a) Antes de que concluya el ejercicio económico en el que se contraiga.
b) Antes de dos años.
c) Antes de que se renueve la Corporación.
d) Utilizando créditos ampliables.

76. El expediente de habilitación de créditos ha de ser ejecutivo:

a) Después de renovarse la Corporación.
b) En cualquiera de los ejercicios que de mandato tenga la Corporación.
c) En el mismo ejercicio en el que se apruebe.
d) Cuando lo estime oportuno el Alcalde, según las necesidades planteadas.

77. El plazo para resolver una reclamación contra un acuerdo de habilitación de créditos por calamidades públicas es de:

a) Un mes.
b) Quince días.
c) Diez días.
d) Ocho días.

78. Tiene carácter inmediatamente ejecutivo un acuerdo sobre:

a) Habilitación de crédito extraordinario.
b) Habilitación de crédito extraordinario en caso de catástrofe pública.
c) Cualquier suplemento de crédito.
d) Ninguno de los anteriores.

79. La modificación del Presupuesto de gastos mediante la que, sin alterar la cuantía total del mismo, se imputa el importe total o parcial de un crédito a otras partidas presupuestarias con diferente vinculación jurídica se denomina:

a) Habilitación de créditos extraordinarios.
b) Transferencias de crédito.
c) Generaciones de créditos por ingresos.
d) Bajas por anulación.

80. El órgano competente para efectuar la liquidación del Presupuesto, en un Municipio de régimen común, es el/la:

a) Junta de Gobierno Local.
b) Pleno de la Corporación.
c) Tribunal de Cuentas.
d) Alcalde o Presidente.

81. ¿A quién corresponde la incoación del expediente de concesión de crédito extraordinario?

a) Al Pleno de la Entidad local.
b) A la Junta de Gobierno local.
c) Al Secretario de la Corporación local.
d) Al Presidente de la Entidad local.

82. Señala cuál de las siguientes no puede ser una modificación de crédito que se lleve a cabo en los Presupuestos de Gastos de la Entidad y de sus Organismos Autónomos:

a) La incorporación de remanentes de crédito de ejercicio anterior.
b) Las bajas por anulación.
c) La generación de créditos por ingresos.
d) Las transferencias de remanentes de otras entidades.

83. La confección de los estados demostrativos de la liquidación del Presupuesto de la Entidad local, deberá realizarse:

a) Antes del día 1 de marzo del ejercicio siguiente.
b) Antes del día 31 de diciembre del ejercicio actual.
c) Antes del día 31 de octubre del ejercicio siguiente.
d) Antes del día 1 de enero del ejercicio actual.

84. Los remanentes de crédito no estarán integrados por:

a) La diferencia entre los gastos dispuestos o comprometidos y las obligaciones reconocidas.
b) La suma de los créditos disponibles, créditos no disponibles y créditos retenidos pendientes de utilizar.
c) La diferencia entre los gastos reconocidos y las obligaciones pendientes de reconocer.
d) La diferencia entre los gastos autorizados y los gastos comprometidos.

85. Con carácter general, los remanentes de crédito, al cierre del ejercicio:

a) Quedarán anulados y no se podrán incorporar al Presupuesto del ejercicio siguiente.
b) Quedarán anulados pero se podrán incorporar al Presupuesto del ejercicio siguiente.
c) No son anulados y se podrán incorporar al Presupuesto del ejercicio siguiente.
d) Se incorporan al Presupuesto del ejercicio siguiente, en todo caso.

Solución al test n.º 12

1. b) La expresión cifrada, conjunta y sistemática de las obligaciones que, como máximo, pueden reconocer la Entidad y sus Organismos Autónomos.

2. c) Las respuestas a) y b) son correctas.

3. d) Todas respuestas son correctas.

4. b) Orden EHA/3565/2008, de 3 de diciembre, por la que se aprueba la estructura de los Presupuestos de las Entidades Locales.

5. b) Pensiones.

6. a) Actuaciones de carácter económico.

7. a) Actuaciones de carácter general.

8. a) Producción de bienes públicos de carácter preferente.

9. b) Actuaciones de protección y promoción social.

10. c) Operaciones financieras y no financieras.

11. d) Atender a las necesidades imprevistas, inaplazables y no discrecionales, para las que no exista crédito presupuestario o el previsto resulte insuficiente.

12. b) De las capitales de provincia.

13. d) Todas las respuestas son verdaderas.

14. b) Se distinguen las operaciones no financieras de las financieras, subdividiéndose las primeras en operaciones corrientes y de capital.

15. b) Transferencias de capital.

16. b) La financiación de las entidades locales y sus organismos autónomos procedente de la emisión de Deuda Pública.

17. a) El Presidente de la entidad.

18. b) Anexo de personal de la Entidad Local.

19. a) Por quince días.

20. a) No se hubiesen presentado reclamaciones.

21. d) Todas las respuestas son válidas.

22. c) Se considerará automáticamente prorrogado el del anterior, con sus créditos iniciales.

23. c) Aquellas modificaciones del Presupuesto de Gastos, mediante las que se asigna crédito para la realización de un gasto específico y determinado que no puede demorarse hasta el ejercicio siguiente y para el que no existe crédito.

24. c) Las respuestas a y b son correctas.

25. b) Del Pleno de la Corporación, salvo cuando las bajas y las altas afecten a créditos de personal.

26. a) No afectarán a los créditos ampliables.

27. a) Los remanentes de los presupuestos de los cinco ejercicios anteriores.

28. a) Una Memoria justificativa.

29. a) Interponerse directamente recurso contencioso-administrativo.

30. d) Las respuestas a) y b) son correctas.

31. c) Límite cuantitativo.

32. a) Por su importe íntegro.

33. c) Bases de Ejecución.

34. c) Niveles de vinculación jurídica de los créditos.

35. c) Estado de consolidación del Presupuesto de la propia Entidad con el de todos los Presupuestos y estados de previsión de sus Organismos Autónomos y Sociedades Mercantiles.

36. d) Planes y programas de inversión y financiación.

37. a) Estado de Ingresos.

38. c) Estado de Gastos.

39. a) Planes de Etapas del Planeamiento Urbanístico.

40. d) Programa Financiero o de Financiación.

41. c) Cuatro años.

42. b) Anual.

43. b) Pleno coincidiendo con la aprobación del Presupuesto.

44. b) Se le añade un nuevo ejercicio a sus previsiones.

45. c) Sin déficit inicial.

46. b) Dicha compensación se efectuará respecto de los decrementos de los ingresos y los incrementos de los créditos.

47. b) Ministerio de Hacienda.

48. c) El Pleno de la Entidad Local.

49. a) Servicios públicos básicos.

50. c) Políticas de gasto.

51. b) Número diez.

52. d) De operaciones de capital y operaciones corrientes.

53. c) 9.

54. c) 3.

55. b) Subconceptos.

56. c) Gastos de Personal.

57. a) 8.

58. a) Gastos de Personal.

59. c) Pasivos Financieros.

60. b) Antes de concluir el ejercicio económico anterior a aquel en que vaya a regir.

61. a) Antes del 15 de octubre del año anterior en que va a regir.

62. d) Se prorroga automáticamente el del ejercicio anterior.

63. b) Presidente de la misma.

64. b) Quince días hábiles.

65. b) Un mes.

66. b) Boletín Oficial de la Corporación, si lo tuviere.

67. d) El ejercicio correspondiente, una vez publicado en el boletín oficial de la corporación, si lo tuviera, y, resumido por capítulos de cada uno de los presupuestos que lo integran, en el de la provincia o, en su caso, de la Comunidad Autónoma uniprovincial.

68. c) El contencioso-administrativo, sin necesidad de previa reposición.

69. b) Cuando la impugnación se refiera a la nivelación presupuestaria.

70. c) Liquidación de la obligación.

71. c) Acude a un crédito extraordinario.

72. b) Suplemento de crédito.

73. b) Fondos líquidos y derechos pendientes de cobro.

74. a) 25 %.

75. c) Antes de que se renueve la Corporación.

76. c) En el mismo ejercicio en el que se apruebe.

77. d) Ocho días.

78. b) Habilitación de crédito extraordinario en caso de catástrofe pública.

79. b) Transferencias de crédito.

80. d) Alcalde o Presidente.

81. d) Al Presidente de la Entidad local.

82. d) Las transferencias de remanentes de otras entidades.

83. a) Antes del día 1 de marzo del ejercicio siguiente.

84. c) La diferencia entre los gastos reconocidos y las obligaciones pendientes de reconocer.

85. a) Quedarán anulados y no se podrán incorporar al Presupuesto del ejercicio siguiente.

TEST N.º 13

Las haciendas locales: recursos de las haciendas locales. Especial referencia a impuestos, tasas y contribuciones especiales

1. De conformidad con el artículo 142 de la Constitución Española:

a) Las Haciendas Locales deberán disponer de los medios suficientes para el desempeño de las funciones que la ley atribuye a las Corporaciones respectivas.
b) Las Haciendas Locales deberán disponer de los medios necesarios para el desempeño de las funciones que la ley atribuye a las Corporaciones respectivas.
c) Las Haciendas Locales deberán disponer de los medios suficientes para el desempeño de las necesidades que la ley atribuye a las Corporaciones respectivas.
d) Las Haciendas Locales deberán disponer de los medios suficientes para el desempeño de las actividades que la ley atribuye a las Corporaciones respectivas.

2. Según la Ley de Bases de Régimen Local:

a) Las Haciendas Locales se nutren, además de tributos propios y de las participaciones reconocidas en los del Estado y en los de las Comunidades Autónomas, de aquellos otros recursos que prevé la ley.
b) Las Haciendas Locales se nutren, además de tributos propios, de las participaciones reconocidas en los del Estado y en los de las Comunidades Autónomas.
c) Las Haciendas Locales se nutren, además de tributos propios, de las participaciones reconocidas en los del Estado.
d) Las Haciendas Locales se nutren, además de tributos propios, de las participaciones reconocidas en los de las Comunidades Autónomas.

3. Solo podrán establecerse prestaciones personales o patrimoniales de carácter público:

a) Con arreglo a la ley.
b) Con arreglo a la norma.
c) Con arreglo a los reglamentos.
d) Con arreglo a los Reales Decretos.

4. ¿Tienen las Entidades Locales potestad tributaria?

a) Sí, de carácter secundario.
b) Sí, de carácter primario.
c) No.
d) Solo la tiene el Estado.

5. La potestad reglamentaria de las Entidades Locales en materia tributaria se ejercerá a través de:

a) Ordenanzas Generales de Gestión, Recaudación e Inspección.
b) Ordenanzas Fiscales reguladoras de sus propios tributos.
c) Las respuestas anteriores son correctas.
d) Ordenanzas Fiscales reguladoras de las tasas.

6. La Hacienda de las Entidades Locales estará constituida por los siguientes recursos:

a) Las subvenciones.
b) El producto de las operaciones de crédito.
c) El producto de las multas y sanciones.
d) Todas las respuestas son verdaderas.

7. ¿Qué ingresos tienen la consideración de derecho privado?

a) Las adquisiciones a título de herencia, legado o donación.
b) Los rendimientos o productos de cualquier naturaleza derivados del patrimonio.
c) Las adquisiciones mediante contratos.
d) Las respuestas a) y b) son correctas.

8. Tendrán la consideración de tasas las prestaciones patrimoniales que establezcan las Entidades locales por:

a) El coste de las obras.
b) La utilización privativa o el aprovechamiento especial del dominio público local.
c) Las actividades administrativas de toda clase.
d) Ninguna respuesta es correcta.

9. El importe de las contribuciones especiales no podrá exceder de:

a) 50 por 100 del coste de la obra que el Municipio soporte.
b) 90 por 100 del coste de la obra que el Municipio soporte.
c) 70 por 100 del coste de la obra que el Municipio soporte.
d) 80 por 100 del coste de la obra que el Municipio soporte.

10. Los Ayuntamientos podrán establecer y exigir el siguiente impuesto:

a) Impuesto sobre Bienes Inmuebles.
b) Impuesto sobre Vehículos de Tracción Mecánica.
c) Impuesto sobre el Incremento de Valor de los Terrenos de Naturaleza Urbana.
d) Impuesto sobre Actividades Económicas.

11. Las Entidades Locales podrán percibir subvenciones de toda índole con destino a sus obras y servicios:

a) Que no podrán ser aplicadas a atenciones distintas de aquellas para las que fueron otorgadas, salvo, en su caso, los sobrantes no reintegrables cuya utilización no estuviese prevista en la concesión.
b) Que no podrán ser aplicadas a atenciones distintas de aquellas para las que fueron otorgadas.
c) Que podrán ser aplicadas a atenciones distintas de aquellas para las que fueron otorgadas.
d) Que podrán ser aplicadas a atenciones distintas de aquellas para las que fueron otorgadas salvo, en su caso, los sobrantes no reintegrables.

12. Todas las operaciones financieras que suscriban las Corporaciones Locales están sujetas:

a) Al principio de anualidad.
b) Al principio de prudencia financiera.
c) Al principio de ejecución presupuestaria.
d) Al principio de especificación.

13. ¿Pueden las entidades locales acudir al crédito privado a largo plazo?

a) Sí, pudiendo instrumentarse a través de contratación de préstamos o créditos.
b) Sí, pudiendo instrumentarse a través de emisión de deuda privada.
c) Sí, pudiendo instrumentarse a través de conversión y sustitución total o parcial de operaciones futuras.
d) Todas las respuestas son verdaderas.

14. La prestación personal y de transporte podrá ser exigible:

a) Por los Ayuntamientos con población de derecho no superior a 3.000 habitantes.
b) Por los Ayuntamientos con población de derecho no superior a 4.000 habitantes.
c) Por las Entidades de ámbito inferior al municipio.
d) Por los Ayuntamientos con población de derecho no superior a 5.000 habitantes.

15. La competencia para conocer y resolver un recurso de reposición en materia tributaria será del:

a) Órgano de la Entidad Local superior al que haya dictado el acto administrativo impugnado.
b) Órgano de la Entidad Local que haya dictado el acto administrativo impugnado.
c) Órgano de la Entidad Local que haya delegado el dictado del acto administrativo impugnado.
d) Del alcalde o presidente.

16. Podrán interponer el recurso de reposición en materia tributaria:

a) Los sujetos pasivos.
b) Los responsables de los tributos.
c) Las respuestas a) y b) son correctas.
d) Todos los ciudadanos.

17. Contra la resolución del recurso de reposición en materia tributaria:

a) Cabe recurso de alzada.
b) Pueden los interesados interponer directamente recurso contencioso-administrativo.
c) No puede interponerse de nuevo este recurso.
d) Las respuestas b) y c) son correctas.

18. En los municipios de gran población existirá un órgano especializado entre cuyas funciones se encuentran:

a) El conocimiento de la naturaleza de los actos tributarios.
b) La elaboración de las Ordenanzas Fiscales.
c) El dictamen sobre los proyectos de ordenanzas fiscales.
d) Ninguna respuesta es correcta.

19. La extinción total o parcial de las deudas que el Estado tenga con las Entidades Locales, o viceversa, podrá acordarse por vía de compensación, cuando se trate de:

a) Deudas vencidas.
b) Deudas vencidas, líquidas y exigibles.
c) Deudas vencidas y líquidas.
d) Deudas vencidas, líquidas y legales.

20. ¿Podrán reconocerse beneficios fiscales en los tributos locales?

a) Solo en los casos expresamente previstos en las normas con rango de ley.
b) En los casos derivados de la aplicación de los Tratados Internacionales.
c) Las respuestas a) y b) son correctas.
d) En los casos establecidos en los reglamentos estatales.

21. Cuando las ordenanzas fiscales así lo prevean, no se exigirá interés de demora en los acuerdos de aplazamiento de pago que hubieran sido solicitados en período voluntario:

a) Siempre que se refieran a deudas de vencimiento periódico.

b) Siempre que se refieran a deudas de notificación colectiva.

c) Siempre que el pago total de las deudas se produzca en el mismo ejercicio que el de su devengo.

d) Todas las respuestas son correctas.

22. Un criterio al que no ha de ajustarse la gestión económico-financiera en los municipios de gran población es:

a) Cumplimiento del objetivo de estabilidad presupuestaria.

b) Introducción de la exigencia del seguimiento de los costes de los servicios.

c) Unión de las funciones de contabilidad y de fiscalización de la gestión económico-financiera.

d) La concertación de operaciones de tesorería se realizarán de acuerdo con las bases de ejecución del presupuesto y el plan financiero aprobado.

23. En los municipios de gran población el titular del órgano que ostenta las funciones de presupuestación, contabilidad, tesorería y recaudación:

a) Deberá ser un funcionario de Administración local con habilitación de carácter nacional.

b) Deberá ser un funcionario de Administración local con habilitación de carácter nacional, salvo el del órgano que desarrolle las funciones de presupuestación.

c) Deberá ser un funcionario de carrera.

d) Es el Interventor municipal.

24. En los municipios de gran población corresponderá al órgano de gestión tributaria:

a) La gestión, liquidación, inspección, recaudación y revisión de los actos contables.

b) La recaudación en período voluntario de los ingresos de Derecho Público.

c) El análisis y diseño de la política particular de ingresos públicos.

d) El seguimiento y la ordenación de la ejecución del presupuesto de ingresos en lo relativo a ingresos tributarios.

25. En los municipios de gran población la función pública de control y fiscalización interna de la gestión económico-financiera y presupuestaria corresponderá:

a) Al Tesorero municipal.

b) Al Interventor municipal.

c) Al Secretario municipal.

d) Al Depositario de cuentas.

26. Las Entidades Locales deberán acordar la imposición y supresión de sus tributos propios:

a) Salvo en el supuesto del Impuesto sobre bienes inmuebles.

b) Salvo en el supuesto del Impuesto sobre el Incremento de Valor de los Terrenos de Naturaleza Urbana.

c) Salvo en el supuesto del Impuesto sobre Construcciones, Instalaciones y Obras.

d) Ninguna respuesta es correcta.

27. En las contribuciones especiales no se considerará sujeto pasivo en su condición de persona especialmente beneficiada por la realización de las obras o por el establecimiento o ampliación de los servicios locales:

a) En las contribuciones especiales por el establecimiento de los servicios de extinción de incendios el Servicio municipal de Protección contra Incendios.

b) En las contribuciones especiales por construcción de galerías subterráneas, las empresas suministradoras que deban utilizarlas.

c) En las contribuciones especiales por el establecimiento de los servicios de extinción de incendios las compañías de seguros que desarrollen su actividad en el ramo, en el término municipal correspondiente.

d) En las contribuciones especiales por realización de obras que afecten a bienes inmuebles, sus propietarios.

28. Respecto a las contribuciones especiales no integra el coste que la Entidad Local soporte por la realización de las obras o por el establecimiento o ampliación de los servicios:

a) El importe de las obras a realizar.

b) El coste de la publicidad de las obras.

c) El coste real de los trabajos periciales.

d) Las indemnizaciones procedentes por el derribo de construcciones.

29. Respecto a las contribuciones especiales, el acuerdo de ordenación:

a) Podrá no dictarse.

b) Será de inexcusable adopción.

c) Es ejecutivo.

d) Ha de publicarse en el BOE.

30. La fijación de los precios públicos corresponderá:

a) Al Pleno.

b) A la Junta de Gobierno.

c) Al alcalde.

d) Al Presidente.

31. Es un impuesto facultativo para los Ayuntamientos:

a) Impuesto sobre Vehículos de Tracción Mecánica.
b) Impuesto sobre Actividades Económicas.
c) Impuesto sobre el Incremento de Valor de los Terrenos de Naturaleza Urbana.
d) Impuesto sobre Bienes Inmuebles.

32. Constituye el hecho imponible del Impuesto sobre Bienes Inmuebles la titularidad del siguiente derecho sobre los bienes inmuebles rústicos y urbanos:

a) De un derecho real de hipoteca.
b) De un derecho real de servidumbre.
c) De un derecho real de usufructo.
d) De un derecho real de prenda.

33. A los efectos del Impuesto sobre Bienes Inmuebles tendrán la consideración de bienes inmuebles rústicos, de bienes inmuebles urbanos y de bienes inmuebles de características especiales los definidos como tales en las normas reguladoras del:

a) Registro de la Propiedad.
b) Inventario municipal.
c) Catastro Inmobiliario.
d) Ninguna respuesta es correcta.

34. No están sujetos al Impuesto sobre Bienes Inmuebles:

a) Los bienes de uso privado.
b) Los bienes del dominio público hidráulico.
c) Las carreteras.
d) Las respuestas b) y c) son correctas.

35. La base imponible del Impuesto sobre Bienes Inmuebles estará constituida por:

a) El valor catastral de los bienes inmuebles.
b) El valor real de los bienes inmuebles.
c) El valor estimado de los bienes inmuebles.
d) El valor de mercado de los bienes inmuebles.

36. La cuota íntegra del Impuesto sobre Bienes Inmuebles será el resultado de:

a) Aplicar al tipo de gravamen la base liquidable.
b) Aplicar a la base liquidable el tipo de gravamen.
c) Minorar la cuota en el importe de las bonificaciones previstas legalmente.
d) Minorar la cuota líquida.

37. Las ordenanzas fiscales podrán regular una bonificación de la cuota íntegra del Impuesto sobre Bienes Inmuebles a favor de aquellos sujetos pasivos que ostenten la condición de titulares de familia numerosa:

a) De hasta el 80 por 100.
b) De hasta el 70 por 100.
c) De hasta el 90 por 100.
d) De hasta el 60 por 100.

38. El hecho imponible del Impuesto de Actividades Económicas estará constituido por:

a) Por el mero ejercicio en territorio nacional de actividades empresariales, profesionales o artísticas, siempre que se ejerzan en local determinado y se hallen especificadas en las Tarifas del Impuesto.
b) Por el mero ejercicio en territorio nacional de actividades empresariales, profesionales o artísticas, se ejerzan o no en local determinado y se hallen o no especificadas en las Tarifas del Impuesto.
c) Por el mero ejercicio en territorio nacional de actividades empresariales, profesionales o artísticas, se ejerzan o no en local determinado y se hallen especificadas en las Tarifas del Impuesto.
d) Por el mero ejercicio en territorio nacional de actividades empresariales, profesionales o artísticas, si se ejercen en local determinado aunque no se hallen especificadas en las Tarifas del Impuesto.

39. No constituyen hecho imponible del Impuesto de Actividades Económicas el ejercicio de las siguientes actividades:

a) La venta de productos tecnológicos.
b) El ejercicio de la actividad de abogado.
c) La venta de los productos que se reciben en pago de trabajos personales o servicios profesionales.
d) La prestación de servicios de psicología.

40. El periodo impositivo del Impuesto de Actividades Económicas:

a) Coincide con el mes natural.
b) Coincide con el año natural.
c) Depende de la actividad de que se trate.
d) Empieza a contarse transcurridos seis meses desde el inicio de la actividad.

41. En relación con el Impuesto sobre Vehículos de Tracción Mecánica se considera vehículo apto para la circulación:

a) El que hubiere sido matriculado en los registros públicos correspondientes.
b) Los provistos de permisos temporales.

c) Los provistos de matrícula turística.
d) Todas las respuestas son verdaderas.

42. Están exentos del Impuesto sobre Vehículos de Tracción Mecánica:

a) Las ambulancias.
b) Las respuestas a) y d) son correctas.
c) Los vehículos taxis.
d) Los vehículos de representaciones diplomáticas.

43. Los Ayuntamientos podrán bonificar las cuotas del Impuesto sobre Vehículos de Tracción Mecánica hasta el 75 por 100:

a) Para los vehículos históricos.
b) Para aquellos que tengan una antigüedad mínima de veinticinco años contados a partir de la fecha de su fabricación.
c) En razón a la incidencia de la combustión del carburante en el medio ambiente.
d) Todas las respuestas son falsas.

44. La cuota del Impuesto sobre Vehículos de Tracción Mecánica se prorrateará por trimestres naturales:

a) En los casos de primera adquisición.
b) En los supuestos de segunda compra del vehículo.
c) En los supuestos de baja temporal por sustracción o robo del vehículo.
d) Las respuestas a) y c) son correctas.

45. El Impuesto sobre Construcciones, Instalaciones y Obras se exigirá:

a) Se haya obtenido o no la licencia de obras.
b) Siempre que se haya obtenido la licencia de obras.
c) En los casos que conste la solicitud de la licencia de obras.
d) Desde la solicitud de la licencia de obras.

46. En relación a la base imponible del Impuesto sobre Construcciones, Instalaciones y Obras:

a) Estará constituida por el coste estimado de la construcción, instalación u obra.
b) Ha de incluirse en el coste de las obras el Impuesto sobre el Valor Añadido y demás impuestos análogos.
c) No se incluyen en el coste de las obras las tasas, precios públicos y demás prestaciones patrimoniales de carácter público local.
d) Ha de incluirse en el coste de las obras los honorarios de profesionales y el beneficio empresarial del contratista.

47. El tipo de gravamen del Impuesto sobre Construcciones, Instalaciones y Obras:

a) No podrá exceder del 3 por 100.
b) No podrá exceder del 4 por 100.
c) No podrá exceder del 2 por 100.
d) No podrá exceder del 5 por 100.

48. Serán sujetos pasivos del Impuesto sobre Construcciones, Instalaciones y Obras:

a) Las personas físicas que sean dueños de la obra y sean propietarios del inmueble sobre el que se realice aquella.
b) Las personas físicas que sean dueños de la obra, sean o no propietarios del inmueble sobre el que se realice aquella.
c) Las personas físicas que sean propietarios del inmueble sobre el que se realice la obra.
d) Las personas físicas que realicen la obra.

49. En relación al Impuesto sobre el Incremento de Valor de los Terrenos de Naturaleza Urbana:

a) El incremento se puede poner de manifiesto a consecuencia de la transmisión de cualquier derecho real de goce.
b) Es un tributo directo que grava el incremento de valor que experimenten terrenos rústicos y se ponga de manifiesto a consecuencia de la transmisión de la propiedad de los terrenos.
c) Los bienes han de estar contemplados en el Catastro.
d) Ninguna respuesta es correcta.

50. El tipo de gravamen del Impuesto sobre el Incremento de Valor de los Terrenos de Naturaleza Urbana será el fijado por cada ayuntamiento, sin que dicho tipo pueda exceder del:

a) 40 %.
b) 50 %.
c) 30 %.
d) 60 %.

51. No se producirá la sujeción al Impuesto sobre el Incremento de Valor de los Terrenos de Naturaleza Urbana en los supuestos de:

a) Transmisiones que se hagan a los cónyuges en pago de sus haberes privativos.
b) Transmisiones de bienes inmuebles a favor de los hermanos como consecuencia del cumplimiento de sentencias de divorcio matrimonial
c) Pago de deudas vencidas y líquidas con bienes inmuebles
d) Aportaciones de bienes y derechos realizadas por los cónyuges a la sociedad conyugal.

52. Las Entidades locales podrán establecer tasas por el siguiente supuesto de utilización privativa o aprovechamiento especial del dominio público local:

a) Otorgamiento de licencias.
b) Autorización para utilizar en placas el escudo de la Entidad local.
c) Guardería rural.
d) Entradas de vehículos a través de las aceras.

53. Las Entidades locales podrán establecer tasas por prestación de servicios o de realización de actividades administrativas de competencia local en el siguiente supuesto:

a) Recogida de residuos sólidos urbanos.
b) Portadas, escaparates y vitrinas.
c) Instalación de quioscos en la vía pública.
d) Instalación de puestos y casetas de venta.

54. No podrán exigirse tasas por el servicio siguiente:

a) Servicios de alcantarillado.
b) Celebración de los matrimonios en forma civil.
c) Limpieza de la vía pública.
d) Inspección de vehículos.

55. El importe de las tasas por la prestación de un servicio:

a) No podrá exceder del coste real del servicio.
b) No podrá exceder del coste previsible del servicio.
c) No podrá exceder, en cualquier caso, del valor de la prestación recibida.
d) Todas las respuestas son correctas.

56. Las tasas podrán devengarse:

a) Cuando se presente la solicitud que de por finalizada la actuación.
b) Cuando se inicie el uso privativo.
c) Cuando finalice la prestación del servicio.
d) Cuando termine el aprovechamiento especial.

Solución al test n.º 13

1. a) Las Haciendas Locales deberán disponer de los medios suficientes para el desempeño de las funciones que la ley atribuye a las Corporaciones respectivas.

2. a) Las Haciendas Locales se nutren, además de tributos propios y de las participaciones reconocidas en los del Estado y en los de las Comunidades Autónomas, de aquellos otros recursos que prevé la ley.

3. a) Con arreglo a la ley.

4. a) Sí, de carácter secundario.

5. c) Las respuestas anteriores son correctas.

6. d) Todas las respuestas son verdaderas.

7. d) Las respuestas a) y b) son correctas.

8. b) La utilización privativa o el aprovechamiento especial del dominio público local.

9. b) 90 por 100 del coste de la obra que el Municipio soporte.

10. c) Impuesto sobre el Incremento de Valor de los Terrenos de Naturaleza Urbana.

11. a) Que no podrán ser aplicadas a atenciones distintas de aquellas para las que fueron otorgadas, salvo, en su caso, los sobrantes no reintegrables cuya utilización no estuviese prevista en la concesión.

12. b) Al principio de prudencia financiera.

13. a) Sí, pudiendo instrumentarse a través de contratación de préstamos o créditos.

14. d) Por los Ayuntamientos con población de derecho no superior a 5.000 habitantes.

15. b) Órgano de la Entidad Local que haya dictado el acto administrativo impugnado.

16. c) Las respuestas a) y b) son correctas.

17. d) Las respuestas b) y c) son correctas.

18. c) El dictamen sobre los proyectos de ordenanzas fiscales.

19. b) Deudas vencidas, líquidas y exigibles.

20. b) En los casos derivados de la aplicación de los Tratados Internacionales.

21. d) Todas las respuestas son correctas.

22. c) Unión de las funciones de contabilidad y de fiscalización de la gestión económico-financiera.

23. b) Deberá ser un funcionario de Administración local con habilitación de carácter nacional, salvo el del órgano que desarrolle las funciones de presupuestación.

24. d) El seguimiento y la ordenación de la ejecución del presupuesto de ingresos en lo relativo a ingresos tributarios.

25. b) Al Interventor municipal.

26. a) Salvo en el supuesto del Impuesto sobre bienes inmuebles.

27. a) En las contribuciones especiales por el establecimiento de los servicios de extinción de incendios el Servicio municipal de Protección contra Incendios.

28. b) El coste de la publicidad de las obras.

29. b) Será de inexcusable adopción.

30. a) Al Pleno.

31. c) Impuesto sobre el Incremento de Valor de los Terrenos de Naturaleza Urbana.

32. c) De un derecho real de usufructo.

33. c) Catastro Inmobiliario.

34. d) Las respuestas b) y c) son correctas.

35. a) El valor catastral de los bienes inmuebles.

36. b) Aplicar a la base liquidable el tipo de gravamen.

37. c) De hasta el 90 por 100.

38. b) Por el mero ejercicio en territorio nacional de actividades empresariales, profesionales o artísticas, se ejerzan o no en local determinado y se hallen o no especificadas en las Tarifas del Impuesto.

39. c) La venta de los productos que se reciben en pago de trabajos personales o servicios profesionales.

40. b) Coincide con el año natural.

41. d) Todas las respuestas son verdaderas.

42. b) Las respuestas a) y d) son correctas.

43. c) En razón a la incidencia de la combustión del carburante en el medio ambiente.

44. d) Las respuestas a) y c) son correctas.

45. a) Se haya obtenido o no la licencia de obras.

46. c) No se incluyen en el coste de las obras las tasas, precios públicos y demás prestaciones patrimoniales de carácter público local.

47. b) No podrá exceder del 4 por 100.

48. b) Las personas físicas que sean dueños de la obra, sean o no propietarios del inmueble sobre el que se realice aquella.

49. a) El incremento se puede poner de manifiesto a consecuencia de la transmisión de cualquier derecho real de goce.

50. c) 30 %.

51. d) Aportaciones de bienes y derechos realizadas por los cónyuges a la sociedad conyugal.

52. d) Entradas de vehículos a través de las aceras.

53. a) Recogida de residuos sólidos urbanos.

54. c) Limpieza de la vía pública.

55. d) Todas las respuestas son correctas.

56. b) Cuando se inicie el uso privativo.

TEST N.º 14

Los contratos de las administraciones públicas: delimitación de los tipos contractuales. Perfección y forma del contrato. Competencia en materia de contratación y normas específicas de contratación pública en las entidades locales

1. La contratación administrativa en el sector público viene regulada por:

a) La Ley 9/2017, de 8 de noviembre.
b) La Ley 6/2017, de 24 de octubre.
c) La Ley 3/2017, de 27 de junio.
d) La Ley 4/2017, de 25 de septiembre.

2. Están incluidos en el ámbito de la Ley de Contratos del Sector Público:

a) La relación de servicio de los funcionarios públicos y los contratos regulados en la legislación laboral.
b) Las relaciones jurídicas consistentes en la prestación de un servicio público cuya utilización por los usuarios requiera el abono de una tarifa, tasa o precio público de aplicación general.
c) Los contratos relativos a servicios de arbitraje y conciliación.
d) Los contratos onerosos, cualquiera que sea su naturaleza jurídica, que celebren las Mutuas de Accidentes de Trabajo y Enfermedades Profesionales de la Seguridad Social.

3. Los contratos que tienen por objeto la adquisición, el arrendamiento financiero, o el arrendamiento, con o sin opción de compra, de productos o bienes muebles, son:

a) Contratos de servicios.
b) Contratos de suministro.
c) Contratos de obras.
d) Contratos de gestión de servicios públicos.

4. No se consideran contratos de suministros:

a) Aquellos en los que el empresario se obligue a entregar una pluralidad de bienes de forma sucesiva y por precio unitario sin que la cuantía total se defina con exactitud al tiempo de celebrar el contrato, por estar subordinadas las entregas a las necesidades del adquirente.

b) Los que tengan por objeto la adquisición y el arrendamiento de equipos y sistemas de telecomunicaciones o para el tratamiento de la información, sus dispositivos y programas, y la cesión del derecho de uso de estos últimos.

c) Los de adquisición de programas de ordenador desarrollados a medida.

d) Los de fabricación, por los que la cosa o cosas que hayan de ser entregadas por el empresario deban ser elaboradas con arreglo a características peculiares fijadas previamente por la entidad contratante, aun cuando esta se obligue a aportar, total o parcialmente, los materiales precisos.

5. De los siguientes, son contratos privados los contratos celebrados por una Administración Pública que tengan por objeto:

a) La suscripción a revistas, publicaciones periódicas y bases de datos.

b) La concesión de servicios públicos.

c) Los contratos de colaboración entre el sector público y el sector privado.

d) La adquisición de suministros.

6. Conforme al artículo 3.4 de la Ley 9/2017, los partidos políticos, cuando cumplan los requisitos para ser poder adjudicador y respecto de los contratos sujetos a regulación armonizada, deberán actuar conforme a los principios de publicidad, concurrencia, transparencia, igualdad y:

a) No discriminación.

b) Eficacia.

c) Sometimiento a las leyes.

d) Legitimidad.

7. En un contrato de concesión de obras, cuando no esté garantizado que, en condiciones normales de funcionamiento, el concesionario vaya a recuperar las inversiones realizadas ni a cubrir los costes en que hubiera incurrido como consecuencia de la explotación de las obras que sean objeto de la concesión, se considerará que el mismo asume un riesgo:

a) Operacional.

b) Virtual.

c) General.

d) Provisional.

8. Deberá elaborarse un proyecto y tramitarse como la Ley 9/2017 dispone para los contratos de obras, el contrato mixto en que un elemento del contrato sea una obra y esta supere:

a) Los 50.000 euros.
b) Los 100.000 euros.
c) Los 5.000 euros.
d) Los 10.000 euros.

9. No podrán ser objeto de los contratos de servicios:

a) Los que impliquen ejercicio de la autoridad inherente a los poderes públicos.
b) Los que impliquen el desarrollo o mantenimiento de aplicaciones informáticas.
c) Los que tengan por objeto el desarrollo y la puesta a disposición de productos protegidos por un derecho de propiedad intelectual o industrial.
d) Los que tengan por objeto la prestación de actividades docentes en centros del sector público desarrolladas en forma de cursos de formación o perfeccionamiento del personal al servicio de la Administración.

10. Los contratos celebrados por entidades del sector público que no reúnan la condición de poder adjudicador, tienen la consideración de:

a) Contratos administrativos.
b) Contratos privados.
c) Contratos administrativos especiales.
d) Contratos mixtos.

11. Para la Directiva 2014/23/UE, de 26 de febrero de 2014, relativa a la adjudicación de contratos de concesión, el criterio delimitador del contrato de concesión de servicios respecto del contrato de servicios es:

a) La cuantificación del coste.
b) Quién asume el riesgo operacional.
c) La exigencia o no de la clasificación del empresario.
d) La publicación en boletín oficial.

12. Según el artículo 3.2. de la LCSP, tienen la consideración de Administración Pública:

a) Las autoridades administrativas independientes.
b) Las fundaciones públicas.
c) Las Mutuas colaboradoras con la Seguridad Social.
d) Las Entidades Públicas Empresariales.

13. ¿Qué tipo de contrato fue suprimido por la Ley 9/2017 de Contratos del Sector Público?

a) El contrato de servicios.
b) El contrato mixto.
c) El contrato de concesión de servicios.
d) El contrato de colaboración público-privada.

14. ¿Cuáles de los siguientes contratos que celebren los poderes adjudicadores se perfeccionan de conformidad con la legislación por la que se rijan?

a) Los contratos basados en un acuerdo marco.
b) Los contratos menores.
c) Los contratos específicos en el marco de un sistema dinámico de adquisición.
d) Los contratos subvencionados sujetos a regulación armonizada.

15. A tenor del art. 42 de la Ley de Contratos del Sector Público, la declaración de nulidad de los actos preparatorios del contrato o de la adjudicación, cuando sea firme, llevará en todo caso consigo la del mismo contrato, que entrará en fase de:

a) Suspensión.
b) Ejecución.
c) Cancelación.
d) Liquidación.

16. ¿Cuál de los siguientes contratos que celebren los poderes adjudicadores se perfecciona con su formalización?

a) Contratos basados en un acuerdo marco.
b) Contratos específicos en el marco de un sistema dinámico de adquisición.
c) Contratos adjudicados mediante un procedimiento abierto.
d) Contratos menores.

Solución al test n.º 14

1. a) La Ley 9/2017, de 8 de noviembre.

2. d) Los contratos onerosos, cualquiera que sea su naturaleza jurídica, que celebren las Mutuas de Accidentes de Trabajo y Enfermedades Profesionales de la Seguridad Social.

3. b) Contratos de suministro.

4. c) Los de adquisición de programas de ordenador desarrollados a medida.

5. a) La suscripción a revistas, publicaciones periódicas y bases de datos.

6. a) No discriminación.

7. a) Operacional.

8. a) Los 50.000 euros.

9. a) Los que impliquen ejercicio de la autoridad inherente a los poderes públicos.

10. b) Contratos privados.

11. b) Quién asume el riesgo operacional.

12. a) Las autoridades administrativas independientes.

13. d) El contrato de colaboración público-privada.

14. d) Los contratos subvencionados sujetos a regulación armonizada.

15. d) Liquidación.

16. c) Contratos adjudicados mediante un procedimiento abierto.

TEST N.º 15

Derechos y deberes de las y de los vecinos en el ámbito local: información y participación ciudadana

1. ¿En qué Título del Reglamento de Organización, Funcionamiento y Régimen Jurídico de las Entidades Locales se regula el Estatuto del Vecino?

a) Título V.
b) Título VI.
c) Título VII.
d) Título VIII.

2. Según el artículo 18 de la Ley 7/1985, ¿cuál de los siguientes no es un derecho de los vecinos?

a) Ser elector y elegible.
b) Utilizar, de acuerdo con su naturaleza, los servicios públicos municipales, y acceder a los aprovechamientos comunales.
c) Exigir la prestación de servicios públicos en el supuesto de constituir una competencia municipal propia de carácter obligatorio.
d) Participar en la gestión de empresas privadas.

3. ¿Qué artículo del Reglamento de Organización, Funcionamiento y Régimen Jurídico de las Entidades Locales establece la publicidad de las sesiones?

a) Artículo 225.
b) Artículo 226.
c) Artículo 227.
d) Artículo 228.

4. ¿Quién puede establecer un turno de ruegos y preguntas por el público asistente sobre temas concretos de interés municipal, al finalizar la sesión del Pleno?

a) El Secretario del Pleno.
b) El Alcalde.

c) Un concejal designado.
d) Un representante vecinal.

5. ¿Dónde se harán públicas las convocatorias y órdenes del día de las sesiones del Pleno?

a) En la página web del gobierno central.
b) En el Boletín Oficial del Estado.
c) En el Tablón de Anuncios de la entidad.
d) En los medios de comunicación nacionales.

6. ¿Qué establece el artículo 230 del Reglamento de Organización, Funcionamiento y Régimen Jurídico de las Entidades Locales sobre la Oficina de Información?

a) Que estará ubicada en el edificio del ayuntamiento.
b) Que canalizará toda la actividad relacionada con la publicidad de las convocatorias y sesiones, así como el resto de la información que la misma proporcione.
c) Que será gestionada por un representante vecinal.
d) Que solo atenderá solicitudes de información por escrito.

7. Según el artículo 231, ¿cómo deben cursarse las solicitudes de los vecinos a cualquier órgano del Ayuntamiento en petición de aclaraciones o actuaciones municipales?

a) Verbalmente durante las sesiones del Pleno.
b) A través de una llamada telefónica.
c) Obligatoriamente por escrito.
d) Mediante correo electrónico únicamente.

8. ¿Qué artículo del Reglamento de Organización, Funcionamiento y Régimen Jurídico de las Entidades Locales menciona la posibilidad de subvencionar económicamente a las asociaciones para la defensa de los intereses generales o sectoriales de los vecinos, tanto por lo que se refiere a sus gastos generales como a las actividades que realicen?

a) Artículo 230.
b) Artículo 231.
c) Artículo 232.
d) Artículo 233.

9. ¿Qué datos habrán de aportar las asociaciones interesadas para solicitar su inscripción en el Registro Municipal de Asociaciones Vecinales?

a) Solo los estatutos de la asociación.
b) Solo el presupuesto del año en curso.

c) Los estatutos de la asociación, el número de inscripción en el Registro General de Asociaciones y en otros Registros públicos, el nombre de las personas que ocupen cargos directivos y el presupuesto del año en curso, entre otros.

d) No necesitan aportar ningún dato específico.

10. ¿Dónde se llevará el Registro Municipal de Asociaciones Vecinales?

a) En la Alcaldía.
b) En la Secretaría General de la Corporación.
c) En la Oficina de Información.
d) En el Registro General del Estado.

11. ¿Cuál de los siguientes no es un derecho de las asociaciones según el artículo 234?

a) Recibir las publicaciones que edite el Ayuntamiento, siempre que resulten de interés para la entidad, atendido su objeto social.

b) Usar medios públicos municipales sin restricciones.

c) Recibir convocatorias de los órganos colegiados municipales que celebran sesiones públicas cuando en el orden del día figuren cuestiones relacionadas con el objeto social de la entidad.

d) Recibir las resoluciones y acuerdos adoptados por los órganos municipales cuando se trate de cuestiones relacionadas con el objeto social de la entidad.

12. La inscripción de los extranjeros en el padrón municipal:

a) Se menciona en el artículo 18.2 de la Ley 7/1985.
b) No constituirá prueba de su residencia legal en España.
c) No les atribuirá ningún derecho que no les confiera la legislación vigente, especialmente en materia de derechos y libertades de los extranjeros en España.
d) Todas las respuestas son correctas.

13. ¿Qué debe hacer cualquier órgano del Ayuntamiento si la solicitud de un vecino se refiere a cuestiones de la competencia de otras Administraciones?

a) Ignorar la solicitud.
b) Dirigirla al órgano correspondiente e informar al peticionario.
c) Resolver la solicitud en el propio Ayuntamiento.
d) Devolver la solicitud al vecino.

14. Las asociaciones vecinales inscritas están obligadas a notificar al Registro toda modificación de sus datos:

a) Dentro de los quince días siguientes.
b) Dentro del mes siguiente al que se produzca.
c) Dentro de los tres meses siguientes al que se produzca.
d) Dentro de los dos meses siguientes al que se produzca.

15. El presupuesto y el programa anual de actividades se comunicarán al Registro Municipal de Asociaciones Vecinales:

a) En el mes de enero de cada año.
b) En el mes de diciembre de cada año.
c) En el primer trimestre de cada año.
d) En el último trimestre de cada año.

Solución al test n.º 15

1. c) Título VII.

2. d) Participar en la gestión de empresas privadas.

3. c) Artículo 227.

4. b) El Alcalde.

5. c) En el Tablón de Anuncios de la entidad.

6. b) Que canalizará toda la actividad relacionada con la publicidad de las convocatorias y sesiones, así como el resto de la información que la misma proporcione.

7. c) Obligatoriamente por escrito.

8. c) Artículo 232.

9. c) Los estatutos de la asociación, el número de inscripción en el Registro General de Asociaciones y en otros Registros públicos, el nombre de las personas que ocupen cargos directivos y el presupuesto del año en curso, entre otros.

10. b) En la Secretaría General de la Corporación.

11. b) Usar medios públicos municipales sin restricciones.

12. d) Todas las respuestas son correctas.

13. b) Dirigirla al órgano correspondiente e informar al peticionario.

14. b) Dentro del mes siguiente al que se produzca.

15. a) En el mes de enero de cada año.

TEST N.º 16

Ley Orgánica 3/2007, de 22 de marzo , para la igualdad efectiva de mujeres y hombres: el principio de igualdad y la tutela contra la discriminación. Políticas públicas para la igualdad: principios generales

1. Según su artículo 1, la LO 3/2007 tiene por objeto hacer efectivo el derecho de:

a) Conciliación de la vida laboral y familiar de mujeres y hombres.
b) Igualdad de trato y de oportunidades entre mujeres y hombres.
c) Participación en los asuntos públicos en igualdad de condiciones.
d) No discriminación por razón de sexo.

2. Las obligaciones establecidas en la LO 3/2007 son de aplicación a:

a) A toda persona, física o jurídica, que se encuentre o actúe en territorio español, cualquiera que fuese su nacionalidad, domicilio o residencia.
b) A todos los ciudadanos españoles, ya sea en territorio español o territorio de cualquier país extranjero.
c) A toda persona, física o jurídica, que se encuentre o actúe en territorio español, con nacionalidad española.
d) A toda persona, física o jurídica, que resida en territorio español, cualquiera que fuese su nacionalidad.

3. Según el artículo 4 de la LO 3/2007, la igualdad de trato y de oportunidades entre mujeres y hombres:

a) Es un deber de las Administraciones Públicas.
b) Es una fuente formal del Derecho.
c) Es un principio informador del ordenamiento jurídico.
d) Es un objetivo fundamental del procedimiento administrativo.

4. El principio de igualdad de trato y de oportunidades entre mujeres y hombres:

a) Solo se aplica en el ámbito del empleo público.
b) Se garantizará incluso en el acceso al trabajo por cuenta propia.

c) No se aplica en la afiliación y participación en organizaciones sindicales o empresariales.

d) Se garantizará en los términos que prevean los convenios colectivos.

5. La situación en que se encuentra una persona que sea, haya sido o pudiera ser tratada, en atención a su sexo, de manera menos favorable que otra en situación comparable, se considera:

a) Discriminación directa.

b) Acoso sexual.

c) Discriminación indirecta.

d) Violencia de género.

6. En virtud del artículo 6.2 de la LO 3/2007, la situación en que una disposición, criterio o práctica aparentemente neutros pone a personas de un sexo en desventaja particular con respecto a personas del otro:

a) En cualquier caso constituirá discriminación directa.

b) En cualquier caso constituirá discriminación indirecta.

c) No se considera discriminación indirecta si dicha disposición, criterio o práctica pueden justificarse objetivamente en atención a una finalidad legítima y los medios para alcanzar dicha finalidad son necesarios y adecuados.

d) En ningún caso podrá considerarse discriminación.

7. Conforme al artículo 6.3 de la LO 3/2007, toda orden de discriminar por razón de sexo:

a) Solo se considera discriminatoria si se ordena discriminar directamente.

b) En ningún caso se puede considerar discriminatoria.

c) Solo se considera discriminatoria si ordena una discriminación indirecta.

d) En cualquier caso se considera discriminatoria, sea directa o indirecta.

8. Conforme al artículo 7.4 de la LO 3/2007, el condicionamiento de un derecho o de una expectativa de derecho a la aceptación de una situación constitutiva de acoso sexual o de acoso por razón de sexo se considerará:

a) Acto de discriminación por razón de sexo.

b) Creación de un entorno intimidatorio, degradante u ofensivo.

c) Anulable y sin efecto.

d) Indemnizable.

9. En virtud del artículo 9 de la LO 3/2007, cualquier trato adverso o efecto negativo que se produzca en una persona como consecuencia de la presentación por su parte de queja, reclamación, denuncia, demanda o recurso, de cualquier tipo, destinados a impedir su discriminación y a exigir el cumplimiento efectivo del principio de igualdad de trato entre mujeres y hombres, se considerará:

a) Discriminación directa.

b) Discriminación por razón de sexo.

c) Injustificado.
d) Acoso sexual.

10. Para prevenir la realización de conductas discriminatorias en los actos y las cláusulas de los negocios jurídicos, el artículo 10 de la LO 3/2017 prevé la existencia de un sistema de sanciones eficaz y:

a) Proporcionado.
b) Comprensible.
c) Cuantificable.
d) Disuasorio.

11. Según el artículo 10 de la LO 3/2007, los actos y las cláusulas de los negocios jurídicos que constituyan o causen discriminación por razón de sexo se considerarán:

a) Válidos, pero anulables.
b) Nulos y sin efecto.
c) Ilegales.
d) Nulos, pero con efectos.

12. Con el fin de hacer efectivo el derecho constitucional de la igualdad, los Poderes Públicos adoptarán medidas específicas en favor de las mujeres para corregir situaciones patentes de desigualdad de hecho respecto de los hombres. Tales medidas, que serán aplicables en tanto subsistan dichas situaciones, habrán de ser en relación con el objetivo perseguido en cada caso razonables y:

a) Justificadas.
b) Autorizadas judicialmente.
c) Transparentes.
d) Proporcionadas.

13. Conforme al artículo 12 de la LO 3/2007, cualquier persona podrá recabar de los tribunales la tutela del derecho a la igualdad entre mujeres y hombres, de acuerdo con lo establecido en el artículo 53.2 de la Constitución:

a) Siempre que la relación en la que supuestamente se produce la discriminación se encuentre vigente.
b) Incluso tras la terminación de la relación en la que supuestamente se ha producido la discriminación.
c) Siempre que se haya dado por terminada la relación en la que supuestamente se produce la discriminación.
d) A menos que se haya procedido a la suspensión de la relación en la que supuestamente se produce la discriminación.

14. La capacidad y la legitimación para intervenir en los procesos civiles, sociales y contencioso-administrativos que versen sobre la defensa del derecho de igualdad entre mujeres y hombres, corresponden a:

a) La persona acosada, únicamente.
b) Cualquier ciudadano.
c) Las personas físicas y jurídicas con interés legítimo.
d) Cualquier persona jurídica.

15. La persona acosada será la única legitimada en los litigios:

a) Sobre discriminación directa.
b) Sobre acoso sexual y acoso por razón de sexo.
c) Sobre acoso sexual únicamente.
d) Únicamente sobre acoso por razón de sexo.

16. El artículo 14 de la LO 3/2007 indica cuáles serán los criterios generales de actuación de los Poderes Públicos para el cumplimiento de los fines de esta ley. Así, en relación con la efectividad del derecho constitucional de igualdad entre mujeres y hombres, dicho artículo manifiesta la siguiente acción:

a) El reconocimiento.
b) El apoyo.
c) El seguimiento.
d) El compromiso.

17. Un criterio general de actuación de los Poderes Públicos, según el artículo 14 de la LO 3/2007, es el establecimiento de medidas que aseguren la .... del trabajo y de la vida personal y familiar de las mujeres y los hombres, así como el fomento de la .... en las labores domésticas y en la atención a la familia. Qué dos palabras completan acertadamente la frase anterior:

a) Conciliación y corresponsabilidad.
b) Estabilidad y cooperación.
c) Corresponsabilidad y cooperación.
d) Estabilidad y conciliación.

18. Según el artículo 15 de la LO 3/2007, el principio de igualdad de trato y oportunidades entre mujeres y hombres informará la actuación de todos los Poderes Públicos, con carácter:

a) General.
b) Transversal.

c) Integral.
d) Global.

19. Según el artículo 16 de la LO 3/2007, los poderes públicos:

a) Procurarán atender al principio de presencia equilibrada de mujeres y hombres en los nombramientos y designaciones de los cargos de responsabilidad que les correspondan.

b) Podrán atender al principio de presencia equilibrada de mujeres y hombres en los nombramientos y designaciones de los cargos de responsabilidad que les correspondan.

c) Deberán atender al principio de presencia equilibrada de mujeres y hombres en los nombramientos y designaciones de los cargos de responsabilidad que les correspondan.

d) Obligarán atender al principio de presencia equilibrada de mujeres y hombres en los nombramientos y designaciones de los cargos de responsabilidad que les correspondan.

20. Según el artículo 17 de la LO 3/2007, el Gobierno, en las materias que sean de la competencia del Estado, aprobará un Plan Estratégico de Igualdad de Oportunidades:

a) Anualmente.
b) Bianualmente.
c) Cada cuatro años.
d) Periódicamente.

21. El Gobierno dará cuenta del informe sobre el conjunto de sus actuaciones en relación con la efectividad del principio de igualdad entre mujeres y hombres:

a) Al Congreso de los Diputados.
b) A las Cortes Generales.
c) A las asociaciones y organizaciones de mujeres.
d) Al Defensor del Pueblo.

22. Los proyectos de disposiciones de carácter general y los planes de especial relevancia económica, social, cultural y artística que se sometan a la aprobación del Consejo de Ministros deberán incorporar:

a) Un Plan Estratégico de Igualdad de Oportunidades.

b) Una estadística o encuesta que posibilite el conocimiento de las diferencias en los valores, roles, situaciones y condiciones, de mujeres y hombres en el ámbito de acción del proyecto o plan.

c) Un informe periódico sobre el conjunto de sus actuaciones en relación con la efectividad del principio de igualdad entre mujeres y hombres.

d) Un informe sobre su impacto por razón de género.

23. Conforme al artículo 22 de la LO 3/2007, las corporaciones locales, con el fin de avanzar hacia un reparto equitativo de los tiempos entre mujeres y hombres, podrán establecer:

a) Planes Municipales de Empleo con perspectiva de género.
b) Ordenanzas de regulación del tiempo.
c) Ordenanzas o Edictos de representación equilibrada en los tiempos de la ciudad.
d) Planes Municipales de organización del tiempo de la ciudad.

Solución al test n.º 16

1. b) Igualdad de trato y de oportunidades entre mujeres y hombres.

2. a) A toda persona, física o jurídica, que se encuentre o actúe en territorio español, cualquiera que fuese su nacionalidad, domicilio o residencia.

3. c) Es un principio informador del ordenamiento jurídico.

4. b) Se garantizará incluso en el acceso al trabajo por cuenta propia.

5. a) Discriminación directa.

6. c) No se considera discriminación indirecta si dicha disposición, criterio o práctica pueden justificarse objetivamente en atención a una finalidad legítima y los medios para alcanzar dicha finalidad son necesarios y adecuados.

7. d) En cualquier caso se considera discriminatoria, sea directa o indirecta.

8. a) Acto de discriminación por razón de sexo.

9. b) Discriminación por razón de sexo.

10. d) Disuasorio.

11. b) Nulos y sin efecto.

12. d) Proporcionadas.

13. b) Incluso tras la terminación de la relación en la que supuestamente se ha producido la discriminación.

14. c) Las personas físicas y jurídicas con interés legítimo.

15. b) Sobre acoso sexual y acoso por razón de sexo.

16. d) El compromiso.

17. a) Conciliación y corresponsabilidad.

18. b) Transversal.

19. a) Procurarán atender al principio de presencia equilibrada de mujeres y hombres en los nombramientos y designaciones de los cargos de responsabilidad que les correspondan.

20. d) Periódicamente.

21. b) A las Cortes Generales.

22. d) Un informe sobre su impacto por razón de género.

23. d) Planes Municipales de organización del tiempo de la ciudad.

Cómo acceder al Curso

Auxiliar Administrativo/a
Test del temario

El uso de los códigos **es exclusivo de los compradores de los productos de Editorial MAD**. Cada producto posee un código único y de un solo uso. Es personal e intransferible y da acceso a servicios y contenidos adicionales. Editorial MAD se reserva el derecho de hacer cuantas comprobaciones sean necesarias para identificar al legítimo poseedor del código y dejar de dar servicio a quien haga uso fraudulento del mismo, además de emprender cuantas acciones legales estime oportunas según la legislación vigente.

Deberás acceder a:

mad.es/registro-campus

Si una vez aceptadas las condiciones de uso del Campus decides hacer uso del mismo, necesitarás del siguiente código de acceso junto con los códigos del resto de títulos que se exigen (si fuera el caso):

NZ2Q7XG4KH